元華文創

科技法學探索系列 08　范建得教授 主編

# 論室內設計智慧財產權研究

Research on Intellectual Property Rights of Interior Design

以室內設計的智慧財產權保護為中心，
綜覽我國與日本現行法概況，
完善我國法規範及提升室內設計產業競爭力。

陳彥珈　著

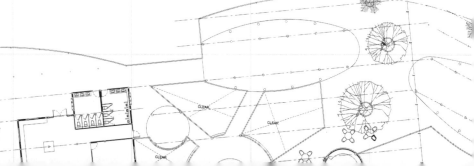

# 導讀：獻給室內設計工作者與愛好者，一份誠意十足的實用法學研究

　　室內設計，在台灣已是發展逐漸成熟的產業。不論是應用於家居室內裝潢、旅宿業裝潢、商業空間設計等，室內設計成為利用美學和設計理念，為個人生活美感加值提供重要助力，同時也是公司企業經濟加值、市場行銷之重要工具。

　　相較於室內設計逐漸發展成熟，室內設計的法律保護研究，則仍在發展中。如何對室內設計者的創意表達提供有力的保護，同時也兼顧公共利益，保護可共享的設計理念的交流切磋？這始終是不容易的課題。

　　過去在台灣，室內設計最常見以著作權、商標法中的立體商標、或公平交易法提供保護，但都較為間接或片段。例如，室內設計要符合立體「商標」保護的客體，通常已排除私人住宅室內設計保護的可能，再加上立體商標必須符合「非功能性」的要件，以至於有功能性的設計（如方便陳列商品等功能）也會被排除於保護之外。再者，以著作權保護時，室內設計該被定性為圖形著作、美術著作或建築著作，認定的侵權範

圍大小可能會不同，但目前司法實務累積的判決不多，見解也不統一；再加上著作權不須註冊核准，常在真正發生爭議時，兩造才開始爭執該室內設計的著作權權利範圍到哪裡，使得室內設計的著作權，長久處於不確定的風險。最後，要爭執室內設計的抄襲，屬於公平交易法中不公平競爭，主管機關或法院必須判斷該抄襲使用，是否與他人商品、營業或服務混淆？或有其他足以影響交易秩序之欺罔或顯失公平之行為？其中包含許多必要的「不確定法律概念」，但也容易使救濟程序陷於不確定。

因此，可將事前確定權利範圍，而且室內設計視為一設計整體，不論是商業空間、公共空間或私人空間之室內設計，均有可能提供保護的制度，首選應該是專利法中的「設計專利」制度。然而，設計專利能擴及保護到室內設計領域，是近期才開始的全球趨勢，2020 年，台灣智慧財產局才修正「專利審查基準」中的設計專利審查基準，明文擴大「設計」得以應用之「物品」範圍，包含「建築物、橋樑或**室內空間**等設計」，表示台灣也才剛處於智慧財產局剛肯定室內設計得申請設計專利的階段。因此，在此時放眼與我國鄰近的日本，觀察他們較早一步開始的立法趨勢、通過案例等，實在是現在急需的法學研究。

本書每一章都有豐富參考價值。第一章緒論後，第二章清

晰簡介什麼是室內設計、商業空間設計，第三章分析台灣目前對設計專利的所有法律保護措施，包含專利法、商標法、著作權法與公平交易法，並分析各法律能保護的室內設計範圍，並介紹台灣重要相關的法律判決。閱讀至此，讀者就可以對台灣法律如何保護室內設計有清晰的基本藍圖。

第四章進入日本法領域，集中於與台灣設計專利相對應的「日本意匠法」探討，除該法的介紹外，再加上分析日本「意匠審查基準」，並透過實際專利申請的案例，包含藏壽司、蔦屋書店、著名建商 LIXIL 住宅客廳設計、知名飯店客房內裝等，討論當前日本企業對室內設計的專利佈局及動向，供我國企業參考。第五章再回到目前台灣的專利法制，本章會介紹 2020 年最新的專利審查基準、2022 年 2 月公布的「設計專利之說明書及圖式製作須知」，除提供室內設計實務工作者參考外，並進一步在法學研究上，思考專利法或行政規範上是否仍有補充的空間，以更支持設計專利的法律保護。

本書作者陳彥珈，為清華大學科技法律研究所畢業之優秀法律人才，具備智慧財產權法堅實的基礎，又具備優秀日文能力，我認為他是撰寫室內設計的法律保護與日本比較法的不二人選。本書成果豐富、具原創性，為現在全面性討論室內設計的最新研究，加上本書詳細介紹日本與我國審查基準及申請範例，可以提供主管機關、以及想在日本或台灣申請室內設計專

利的設計師或企業，更豐富的參考資料。

　　總之，本書為充滿美感、技術、和法學研究之作，獻給即將發展新的法律保護的台灣室內設計界。當然，本書也適合任何對智慧財產權有興趣的讀者及研究者（如我），這份誠意滿滿的作品，應該會有一些可以啟發我們之處。

洪淳琦

（清華大學科技法律研究所助理教授、美國哈佛大學法學碩士、英國倫敦大學瑪麗皇后學院法學博士）

# 自　序

　　隨著維權意識的抬頭以及企業經營國際化的趨勢，智慧財產權領域的保護範疇除了企業本身的產品外，甚至擴及至代表企業形象的實體店鋪設計，期待透過法律維護自身品牌優勢同時達遏阻不當模仿的效果。在日本意匠法修正後，「室內設計的智慧財產權保護」更逐漸為法學及智財界所重視，以致於開始思考我國現有的問題、需要如何的保護規範、日本法現有規範等相關問題，故本文希望藉由比較法的研究，深入探討我國以及日本法的現有規範及實務發展，藉此提出適合我國於室內設計的智慧財產權保護的修法方向及內容，以期跟上國際趨勢的同時也能解決我國保護不足的現況，並供室內設計實務界及企業在智慧財產權管理及維權上的參考。

　　本文的完成仰賴許多貴人的協助，首先感謝清華大學科技法律研究所恩師洪教授淳琦博士，感謝老師在百忙之中仍撥冗撰寫導讀並不辭辛勞提供許多寶貴的建議。也感謝同儕靖方、怡萱以及元華出版社主編李欣芳小姐一路以來的鼎力相助，使本書得以順利問世。

　　最後感謝我的家人，因為有家人們的全力支持，使我無後

顧之憂，能全心完成寫作，僅以本文獻給所有關心及幫助我的家人及朋友們。

陳彥珈

2023 年 04 月 05 日

# 摘　要

　　在全球化經營新型商業模式，以及電子商務蓬勃發展下，許多跨國實體店商企業除了加強產品本身品質技術以及行銷管理外，亦藉由獨特商店設計來鞏固品牌形象，以增加消費者的品牌識別以及傳達企業文化，為未來全球展店及經營提供穩固基礎。有鑑於商業需求增加，日本特許廳於 2019 年修正新版意匠法中已將建築設計及室內設計納入設計專利之保護範圍，同時我國智慧財產局亦針對「設計專利實體審查基準」之部分篇章進行修正，明確建築物及室內設計為設計專利之保護標的，顯見我國對未來室內設計智慧財產權保護之重視。

　　基於上述原因，本書先從我國法及實務判決出發，探討我國當前室內設計智慧財產權及公平交易法之內容及其利弊，並透過日本法比較研究，檢視外國法內容及實踐情形，作為我國設計專利未來修法及政策實施方向之參考，試著提出適合我國未來與室內設計相關設計專利之修法建議。

**關鍵詞：室內設計智慧財產權、室內設計、設計專利**

# Abstract

Under the new business model of global operation and the booming development of e-commerce, many multinational brick-and-mortar enterprises not only strengthen the quality technology of their products and marketing management, but also consolidate their brand image through unique store design to enhance consumers' brand recognition and convey corporate culture, providing a solid foundation for future global store expansion and operation. In view of the increase in commercial demand, the Japan Patent Office has included architectural design and interior design into the scope of design patent protection in the new version of the Design Act amended in 2019, and at the same time, Intellectual Property Office of our country has also amended some chapters of the "Basis for Examination of Design Patent Entities" to clarify that buildings and interior design are the subject of design patent protection, which shows that our country attaches importance to the protection of intellectual property rights of interior design in the future.

Based on the above reasons, this paper first discusses the

content, advantages and disadvantages of the current interior design intellectual property rights and fair trade laws in our country from the perspective of laws and practical judgments, and through a comparative study of Japanese laws, examines the content and practice of foreign laws, as a reference for the future revision of our design patents and the direction of policy implementation, and tries to put forward suggestions for the revision of our design patents related to interior design in the future.

**Keywords: Interior Design Intellectual Property Rights, Interior Design, Design Patent**

# 目　次

# 第一章　緒論

## 第一節　研究動機及目的

　　觀諸我國室內設計領域的發展，受到社會環境及行銷策略的影響，室內設計已從過去單純滿足業主的要求，轉變為以美學與空間結合為中心，打造獨有的設計風格及理念，優化整體公共空間與服務體驗，並使美學融入社會大眾的生活。[1]同時因應網路購物及電商平台的興起，傳統企業根據行銷策略及商業考量，紛紛投入大筆心力於實體店面的規劃及設計，透過旗艦店或連鎖店等，在商店設計中融入自身品牌特色，以提高品牌識別及增加消費者服務體驗，顯見未來室內設計無論在公領域或私領域，都會成為行銷以及推廣的重要一環，從 2018 年我國發生第一起酒店客房抄襲事件[2]，更凸顯觀光產業對室內設計維權的重視。

　　除了實體室內設計爭端外，近年來隨著元宇宙技術和電競產業的興起，虛擬實境或電玩遊戲中出現如現實世界的空間設

---

[1] 台灣設計研究院，〈八成企業肯定設計重要性:設計已從外觀造型美化，進擊為影響企業策略決策的關鍵要素〉，載於:https://www.cw.com.tw/article/5102937（最後瀏覽日：2022 年 12 月 03 日）。

[2] 智慧財產法院 104 年度民著訴字第 32 號民事判決。

計已屬常態，以恐怖遊戲抄襲事件為例，該遊戲因背景設計與知名家具品牌的商店設計與員工制服高度雷同，遭律師認有侵權疑慮而發律師函給該遊戲開發者。[3]考量元宇宙和電競遊戲的發展趨勢，有論者建議未來應以現有室內設計的智慧財產權保護為基礎，進一步擴及至虛擬實境中的空間設計[4]，顯見未來室內設計保護對企業經營甚至虛擬實境的重要性。

　　過去我國針對室內設計智慧財產權的保護，多集中於著作權法以及公平交易法的討論，且透過檢視我國商標法、著作權法以及公平交易法，在室內設計保護上確實存在保護不完善或難以適用的問題，隨著日本意匠法的修正，為東亞地區在室內設計的專利保護上開啟新的里程碑，設計專利與室內設計的連結亦逐漸受到關注。有鑑於此，本文擬從我國室內設計保護概況出發，釐清現行我國法不足之處，並以日本意匠法（即設計專利法）為比較中心，分析設計專利的法規內容與適用情形，以期能透過本文幫助我國企業迅速掌握日本法的新修正內容以利未來日本專利佈局外，藉由比較研究我國法與日本法的異同之處與利弊，進一步檢視我國設計專利開放室內設計後的法制現況與後續影響，試著提出適合我國未來修法方向之建議。

---

[3] Yahoo 新聞網，〈設計根本一樣？SCP 恐怖遊戲《The Store is Closed》遭 IKEA 發律師函〉，載於：https://tw.news.yahoo.com/the-store-is-closed-064357116.html（最後瀏覽日：2022 年 12 月 03 日）

[4] 經濟部智慧財產局，《元宇宙與設計專利之關係》，2022 年 6 月，2 頁。

## 第二節　文獻回顧

　　我國於室內設計智慧財產權相關的文獻討論，姚信安（2020）的〈論室內設計之著作定性與侵權認定——簡評智慧財產法院 104 年度民著訴字第 32 號民事判決〉[5]、賴文智（2021）的〈室內設計如何尋求著作權保護——司法實務所面臨的困擾〉[6]以及胡心蘭（2021）的〈室內設計受著作權保護範圍之案例討論——智慧財產法院107年度民著上字第16號〉[7]著重於著作權法領域的保護，並佐以實務判決評析，以釐清學說與實務界對於室內設計著作定性以及侵權行為的看法。

　　除了我國著作權法及判決討論外，比較法研究上有王怡蘋（2022）的〈從室內設計圖探討美術著作與圖形著作之區別與保護〉[8]以德國法為比較對象，而胡心蘭（2022）的〈建築著作與室內設計之著作權保護〉[9]及蔡宜潔（2022）的《論室內

---

[5]　姚信安，〈論室內設計之著作定性與侵權認定——簡評智慧財產法院 104 年度民著訴字第 32 號民事判決〉，《月旦法學雜誌》，第 296 期，2020 年 10 月，158-172 頁。

[6]　賴文智，〈室內設計如何尋求著作權保護——司法實務所面臨的困擾〉，《智慧財產權月刊》，第 274 期，2021 年 10 月，29-42 頁。

[7]　胡心蘭，〈室內設計受著作權保護範圍之案例討論——智慧財產法院 107 年度民著上字第 16 號〉，《台灣法學雜誌》，第 411 期，2021 年 3 月，153-160 頁。

[8]　王怡蘋，〈從室內設計圖探討美術著作與圖形著作之區別與保護〉，《月旦民商法雜誌》，第 75 期，2022 年 3 月，100-111 頁。

[9]　胡心蘭，〈建築著作與室內設計之著作權保護〉，《東海大學法學研究》，第 63 期，2021 年 3 月，1-49 頁。

設計以建築著作保護之合適性——以美國法為借鏡》[10]則以美國法為比較重點，三者皆透過比較研究以期為眾說紛紜的著作定性問題提出解決之道。

　　而呂歡庭（2022）的《室內設計以著作權或設計專利權保護途徑之研究》[11]則透過整理多國著作權法與專利法，包含美國、歐盟、韓國、中國以及日本等，分析並類型化我國實務爭端的較佳保護方式，以維護設計師及相關第三人的利益。另黃文炫（2012）的《從智財法與公平法之觀點論室內設計之相關保護》[12]分析我國2012年的智慧財產權與公平交易法制概況，同時比較美國相關法制，提出室內設計保護之修法建議。

　　最後針對設計專利保護的討論，徐銘夆（2020）的〈日本空間設計申請暨審查介紹——內裝意匠篇〉[13]以及徐銘夆（2022）的〈日本室內設計申請及近似判斷實務介紹〉[14]透過整理日本意匠法修法概況、申請實務及近似判斷，以期藉工具書方式幫助專利界迅速掌握室內設計於日本法的保護現況。

---

[10] 蔡宜潔，《論室內設計以建築著作保護之合適性——以美國法為借鏡》，國立臺北科技大學智慧財產權研究所碩士論文，2022年。

[11] 呂歡庭，《室內設計以著作權或設計專利權保護途徑之研究》，國立臺北科技大學智慧財產權研究所碩士論文，2022年。

[12] 黃文炫，《從智財法與公平法之觀點論室內設計之相關保護》，私立東吳大學法律學系研究所碩士論文，2012年。

[13] 徐銘夆，〈日本空間設計申請暨審查介紹——內裝意匠篇〉，《專利師季刊》，第42期，2020年7月，68-99頁。

[14] 徐銘夆，〈日本室內設計申請及近似判斷實務介紹〉，《專利師季刊》，第50期，2022年7月，4-42頁。

　　觀諸過去室內設計智慧財產權保護相關文獻探討，較多論者著重於著作權法的討論，針對設計專利探討則較為鮮少且時間相隔久遠。此外於比較法研究上，大多數學者選擇歐美法制作為比較對象，專注於東亞圈尤其日本法制的比較研究更為少數，故本文於日本意匠法修法開放之際，透過討論我國現行法制及實務爭端的概況，同時以日本意匠法為比較對象，盼透過日本修法內容以及申請實務的介紹，了解我國現行立法的缺失以及設計專利開放後的影響。

## 第三節　研究方法及範圍

　　本文研究範圍主要係探討室內設計之智慧財產權保護，並以日本意匠法為比較中心，包含現行法制內容以及申請實務，因此除了參考我國相關文獻、實務判決及已知專利，亦會參酌日本法文獻及相關申請實務進行評析。首先透過廣泛閱讀及資料蒐集，搭配文獻分析法針對相關資料進行整理與分析，其後以比較分析法將我國與室內設計智慧財產權相關之法規範與日本意匠法相對照，發現問題並提出修法方向。

## 一、文獻分析法

　　文獻分析為最常運用之研究方法之一，透過廣泛的文獻閱讀、蒐集及歸納，進行深度分析及研究，進而確保研究的可實

行性及有效蒐集相關信息，作為後續研究的基礎。[15]本文藉由
蒐集並整理我國相關之期刊論文、司法判決、學者著作、官方
函令以及學位論文，並輔以日本法規範及著作，擷取精要加以
分析研究，加深對我國室內設計智慧財產權相關規範內容的了
解，並針對我國法制的缺失與未來發展做進一步的探討。

## 二、比較分析法

比較分析法也是被廣泛使用的法學研究方法之一，其旨在
分析不同法秩序間的異同與衝突，以及造成差異的原因與背
景，藉此協助解決與分析本國法秩序出現的相關問題。[16]日本
於 2019 年修正意匠法，將室內設計納入意匠法保護範圍，為
東亞圈室內設計專利保護的先驅，其後韓國亦將室內設計納入
修法討論[17]，我國更於 2020 年將設計得以應用物品範圍擴及至
室內設計，足見日本本次的修法對於後續東亞圈的影響甚鉅。
基於上述原因，本文將以比較分析的觀點出發，就日本意匠法
與我國法制度相對照，從中分析整理日本法的優點與缺點，作

---

[15] 葉至誠、葉立誠，《研究方法與論文寫作》，第 3 版，商鼎出版公司，2011
年 7 月，138-154 頁。

[16] 黃舒芃，〈比較法作為法學方法：以憲法領域之法比較為例〉，《月旦法學
雜誌》，第 120 期，2005 年 4 月，185 頁。

[17] 장영호，공간디자인 디자인권 보호책 마련되나，載於：http://www.ancne
ws.kr/news/articleView.html?idxno=13093（最後瀏覽日：2022 年 12 月 03
日）。

為本文各項爭議的解決之道與借鏡之處。

## 第四節　研究架構

在研究整體架構上，首先本文研究動機包含室內設計對企業經營的重要性、未來元宇宙與電玩競技的發展可能及我國關於室內設計維權規範完善程度。而研究範圍著重於我國室內設計智慧財產權與公平交易法、日本意匠法規範內容與申請實務及我國設計專利法法規範內容與申請實務，並透過文獻探討及比較分析我國法與日本法，提出未來修法建議及結論。

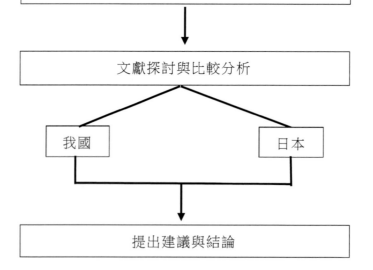

研究動機

一. 室內設計對企業經營的重要性

二. 未來元宇宙與電玩競技的發展可能

三. 我國關於室內設計維權規範完善程度

研究範圍

一、我國室內設計智慧財產權與公平交易法。

二、日本意匠法規範內容與申請實務。

三、我國設計專利法法規範內容與申請實務。

文獻探討與比較分析

我國            日本

提出建議與結論

# 第二章　室內設計與商業空間設計

　　本章第一節將從室內設計領域的觀點出發，介紹室內設計的概念並與建築設計進一步區別，以便釐清後續著作權法上著作認定的爭點，再來簡介室內設計的三要素，包含空間規劃、室內裝飾以及室內裝潢，以了解室內設計與一般物品設計不同之處。此外於第二節將室內設計領域中的商業空間設計單獨介紹，理由在於不同於一般的家用室內設計，因應電商平台的興起以及日本企業提倡的「設計宣言」，商業空間更進一步包含企業管理及行銷的元素，例如商店氣氛以及品牌識別等，都成為各企業商業佈局的重點，因此第二節主要係以經營管理中行銷的觀點寫作，探討商業空間在企業經營中的定位與角色，以及如何影響企業的智慧財產權佈局。

## 第一節　室內設計概論

### 一、室內設計定義與定位

　　「室內設計」一詞，王建助教授於其專書「室內設計學」中定義其為：「室內設計是環境設計的一個主要部門，是建築

內部空間的一種理性的創造方法。也是一種以『科學』為機能
做基礎,以『藝術』為形式表現,而塑造一個精神與物質並重
的室內生活環境而採取的一種創造活動。」[18]而美國著名室內
設計學者 Hasell 則從整體理論架構的角度出發,將「室內設
計」定義為:「於建築物內部的空間中,運用自然及人造構
件,在社會、美學、環境方面應對個人或群體有關文化、心
理、生理、經濟、歷史以及行為的活動與喜好。」[19]室內設計
的定義眾說紛紜,有學者綜合各家學說,認為室內設計即為:
「以室內空間為範圍,在不影響原建物之機械或結構系統的條
件下,運用自然元素以及人造素材,為調和與人的活動有關的
有機 ( organic ) 系統以及與物的功能有關的非有機
(inorganic)系統而進行的創意構思過程。」[20]

　　觀諸世界各國針對室內設計,亦有不同的定位與設計風
格。以美國和英國為例,兩國皆將室內設計定位於「美術設
計」,不同之處在於前者設計重點在於壁紙與各式家具的陳列
擺設,後者則著重於色彩及風格的選擇;[21]而觀諸亞洲地區,
中國大陸與日本則傾向於將室內設計歸類於「建築設計」的分

[18] 王建柱,《室內設計學》,第一版,藝風堂,1984 年 9 月,4 頁。

[19] 莊修田,〈室內設計專業範圍與內容之研究〉,《國家科學委員會研究彙
刊:人文及社會科學》,第 13 卷第 3 期,2001 年 7 月,273 頁。

[20] 同前註。

[21] 黃柏枝,《黃柏枝室內設計師文集:第一集》,初版,Robert Wong,2008
年 6 月,5 頁。

支，前者重於實用性與功能的設計，而後者則較常援用建築的設計手法，以結構圖或工程圖作為設計原型。[22]本節後續將會針對室內設計與建築的關係，以及室內設計的具體內涵分別介紹。

## 二、室內設計與建築設計的關係

　　早期的室內設計多被劃歸為建築物之一部，於建築物整體建置完成後，再由建築師指揮工匠以家具及裝飾物對建築內部進行佈置。[23]到了 19 世紀初期，由於工業革命及交通運輸的發達，促使建築技術的大幅度提升，進而發展出多元且風格迥異的建築風格，此時的室內設計已不侷限於裝飾與佈置，為使內部空間與建築物風格相結合，故加入空間規劃的設計，逐漸具體化「室內裝飾」和「室內空間的規劃」兩大現代室內設計的意涵。[24]雖然建築係室內設計的母體，但兩者的關注重點截然不同，兩者區別大致得以建築工程的架構完成做為分界，前者屬建築設計，後者則屬室內設計，完工的建築物通常可屹立多年無庸變動，然室內設計常常隨著功能的轉變或時代變遷而不斷更新。[25]此外不同於建築師多以建築新建物為基礎，室內設

---

[22] 同前註。

[23] 陳志賢，《室內設計入門》，初版，藝風堂，1996 年 1 月，6 頁。

[24] 同前註。

[25] 唐涌彬，〈淺談室內設計與建築設計的關係〉，《電腦迷》，第 2013 卷第 14A 期，2013 年 5 月，72 頁。

計師則多將專業用於設計現有的建築物，規劃空間同時納入屋主對美感的需求，設計具備實用性同時符合新機能的空間。[26] 透過空間的設計得為原空間添加新的維度，同時增加大眾於日常生活中美感體驗，使人們於空間使用的同時亦提升內在心靈，於某些特別空間設計，舉凡餐廳或旅館等重視顧客體驗的室內設計，在創造出成功的企業形象與識別上，室內設計亦扮演著重要的角色。[27]

## 三、室內設計內涵

　　室內設計的工作範疇，亦即結合空間設計規劃與空間裝飾範圍的領域，其涵蓋範圍包含構築、機能、佈置及裝飾等。[28] 首先就空間設計規劃而言，空間本身即建築的主角，規劃時應綜合考量周圍環境及使用功能，以及空間使用者的使用行為分析及動線安排，充分組織該空間關係、尺寸及比例，提高空間的使用效率，以百貨商店的空間規劃為例，須顧及消費者的消費體驗及商品展示上的需求，規劃出合理動線供消費者選購，透過動線設計來消除審美疲勞及調節消費者的購物密度，屬空

---

[26] SIMON DODSWORTH、STEPHEN ANDERSON，《室內設計基礎學：從提案、設計到實作，入行必修的 8 堂核心課標》（黃慶輝、林宓譯），初版，麥浩斯出版公司，2019 年 2 月，7 頁。

[27] 同前註。

[28] 同註 23，10 頁。

間規劃功能的重大體現。[29]

　　其次就空間裝飾而言，大致可再細分為「室內裝飾」及「室內裝潢」兩主題，室內裝飾即在室內加入裝飾物品以增加空間的美感[30]，常見係利用家具作為室內裝飾，與其他的裝飾物構成了室內設計的內容，家具本身亦扮演著調節空間氛圍的重要角色，除了其本身的使用功能外，亦通過家具來加強空間整體的氛圍展現。[31]室內裝潢則主要針對室內空間的包圍面，如天花板、牆面、地面門窗等，經由不同裝修手法加以美化，如製作立體天花板、壁紙黏貼或地磚鋪設等，甚至製作與牆面相連結的固定式家具等，營造風格及加強空間實用性。[32]

　　而本文所欲探討的室內設計，即設計師透過空間規劃決定整體功能及用途走向，再將室內的包圍面和室內的物件擺設，包含家具、燈具以及裝飾品等進行統合設計，同時透過實際裝修及佈置，將其巧思及美感具體顯現，並與其他空間設計有所區別。

---

[29] 王小漳，〈室內空間設計〉，《上海藝術家》，第 2010 卷第 4 期，2010 年 8 月，75-77 頁。

[30] 方信源，《從品牌看室內設計的商業行為》，私立中原大學室內設計研究所碩士論文，2018 年，17 頁。

[31] 王艷玲，〈論家具設計與空間設計的關係〉，《藝術探索》，第 22 卷第 2 期，2008 年 4 月，105 頁。

[32] 同註 30。

## 第二節　商業空間設計

### 一、概論

　　本節主要討論商業空間設計對於企業的營運及行銷上的重要性，首先會先針對商業空間的定義以及設計目標與一般室內設計的差異進行討論，之後會從行銷的角度，分別討論商業空間設計與商店氣氛的營造，以及商業空間設計與品牌識別的關係，以了解商業空間設計對企業行銷的重要性。

　　商業空間以文義解釋來看即為「供商業用途的空間，提供相關設備設施以進行商業活動的場所。」[33]，由人、物及空間三元素所組成，並透過三者彼此排列組合的關係來營造整體環境，人與空間互動左右空間中人與人進行商業活動的範圍以及對於空間的初印象，其次人與物間提供人接觸及了解物的機會，最後空間則影響物的陳列與擺放。[34]此外，考量到商業空間係提供商業用途為目的，以「消費者」的活動為中心出發，進一步安排物品與空間的關係，在機能性上具有「展示性（show）」、「服務性（service）」、「休閒性（casual）」以及「文化性（culture）」等性質[35]，並透過表 1 分別整理其

---

[33] 林宜君，《以適度美學探討不同生活型態消費者的商業空間設計偏好》，私立中原大學室內設計研究所碩士論文，2017 年，8-9 頁。

[34] 郭敏俊，《商店設計：原理・實務・資料》，初版，新形象出版事業有限公司，1989 年 1 月，15 頁。

[35] 同前註。

內涵與意義。

### 表 1　商業空間之機能性[36]

| 展示性（show） | 商品陳列、舞台上動態表演，藝術品或物品展示、訊息傳達等。 |
|---|---|
| 服務性（service） | 實際有形或無形的服務體驗，包含消費諮詢、公事洽談、個人性質的美容服務等。 |
| 休閒性（casual） | 提供娛樂、休閒等用以調劑身心的空間。 |
| 文化性（culture） | 透過商品展示或藝文活動傳遞文化資訊予空間內的消費者。 |

　　商業空間設計同為室內設計的重要一環[37]，不同於一般居家設計以個人喜好為設計中心，商業空間設計需與各產業以及社會大眾互動，以室內設計專業為基礎，加入企業形象、商店氣氛、品牌識別等元素。[38]良好的商業空間設計得以建立品牌與消費者間的連繫橋樑，透過設計手法表現企業形象以提高商業價值外，也使消費者得以享受高品質的環境與消費體驗。[39]

---

[36]　資料來源:同前註。

[37]　同註 33，1 頁。

[38]　鄭家皓，《設計餐廳創業學：首席餐飲設計顧問教你打造讓人一眼就想踏進來的店》，初版，麥浩斯出版公司，2015 年 3 月，16 頁。

[39]　郭一勤，《展覽製造：空間的展示設計》，初版，翰蘆圖書出版有限公司，2020 年 11 月，31 頁。

## 二、商業空間設計與商店氣氛

有行銷學之父之稱的學者 Philip Kotler，將「商店氣氛」（store atmosphere）定義為企業透過環境設計建構商店環境中所隱藏的各種線索，使消費者得以感知且激發特定情緒，進而增加購買的慾望。[40]商店氣氛影響消費者的購物情緒及情感波動，進而左右商店本身給予消費者的消費體驗，成功的商店氣氛營造將有助帶動正面的消費者體驗，而使消費者產生正面的商店印象，進一步影響其購物意願及消費忠誠度。[41]

按學者 J.Baker 研究指出，商店氣氛主要由三種要素所構成，包含「周圍因素」、「設計因素」以及「社會因素」。[42]「周圍因素」係指穩定又無形的環境佈置，使消費者有意或無意所感知到的環境因素，例如店內音樂、溫度控制等；「設計因素」則主要以視覺得以感知的環境因素為主，佈置與美學以及功能相關環境線索使消費者得直接感知，包含建築風格、裝潢佈置、商品陳列等；最後「社會因素」，則是注重店鋪中人與人間的互動，包含服務態度、擁擠程度等，尤其強調視覺感

---

[40] Kotler,P. , Atmospherics as a Marketing Tool , *Journal of Retailing*, Vol. 49, No.4, 1973, P.50-51.

[41] 范惟翔，《市場調查與專題研究實務》，初版，京峯數位服務有限公司，2011 年 9 月，79-80 頁。

[42] Baker, J., The Role of the Environment in Marketing Sciences: The Consumer Perspective, In: J. A. Cepeil, et al., Eds*., The Services Challenge: Integrating for Competitive Advantage*, AMA, Chicago, 1986, P.80.

受以突出商店氣氛的「設計因素」，商業空間設計即在其中扮演重要角色。[43]此外學者 Baker 認為設計因素首先要能滿足消費者的快速購物之需求，消費者如何順暢進出店面及購物，同時符合企業形象，都是商業空間設計中的空間規劃所需考量。[44]此外其將設計因素進一步區分為「美學元素（aesthetic element）」與「功能元素（functional element）」兩項，「功能元素」注重商業空間設計中有關空間規劃、內部陳列等實用性功能，目的在於滿足消費者順暢購物的需求；而「美學元素」則進一步強調商業空間中內部美學及與企業形象結合特殊裝潢等。[45]

## 三、商業空間設計與品牌識別

隨著社會變遷以及社群平台的興起，消費者的購物取向已由原本單純機能考量轉向投射個人情感的品牌，商業空間對於消費者而言亦不在單純作為商品展示之用。[46]在商業空間的設

[43] 林建宏、吳孟采、黃俊淵、蔡宜靜、黃俊欽，〈商店氣氛、消費者情緒、體驗價值對顧客滿意度之影響：以提卡異國料理餐廳為例〉，《興國學報》，第 16 期，2015 年 1 月，112 頁。

[44] 蕭至惠、許志賢、許世芸、許書銘，〈探討商店環境刺激對消費者情緒與購物價值之影響〉，《運動休閒餐旅研究》，第 2 卷第 2 期，2007 年 6 月，50 頁。

[45] 同前註。

[46] 翁瑄蔚，《商業空間與品牌形象應用之操作設計──「以茶日子為例」》，私立中原大學室內設計研究所碩士論文，2017 年，2-3 頁。

計上，需能夠將品牌意象具體化並應用於店鋪設計中，通過空間傳遞品牌文化訊息，使消費者通過店鋪空間能夠迅速掌握且認知，進一步強化消費者的感知及情感投射，以此來提高品牌的辨識度。[47]

　　商業空間設計與品牌識別的連結，首先從品牌旗艦店出發，有學者將旗艦店定義為「某一品牌在某一城市中集最大的營業面積，擁有最豐富齊全的品牌商品，最快上市速度等特點。」[48]作為品牌價值展現的領頭羊以及提供標誌性品牌體驗，各品牌逐漸將旗艦店視為強化品牌識別的工具而廣泛設立，從室內設計觀點出發，在旗艦店的商業空間設計上，會特別突出美學以及室內空間規劃的部分，透過空間及商品陳列傳遞品牌價值予消費者，將設計與品牌特色充分連結。[49]舉例而言，作為亞洲知名服裝品牌的「UNIQLO」，雖然於日本係家喻戶曉的品牌，在國際市場知名度卻位於下位，作為進軍國際的重要起點，「UNIQLO」選擇於紐約蘇活區開設旗艦店[50]，

---

[47] 陳雅男、范嘉苑、彭佳，〈以商鋪設計之於品牌辨識度的引導——商業空間設計專輯〉，《現代裝飾》，第 6 期，2018 年 6 月，29 頁。

[48] 同註 39，44 頁。

[49] 黃郁雲，《3C 品牌旗艦店體驗行銷之研究——以 Apple、SONY 為例》，國立政治大學廣告學系碩士論文，2010 年，8 頁。

[50] Yahoo 新聞網，【潮流】美國捲起日系風 UNIQLO SOHO 紐約店開幕，載於：https://tw.news.yahoo.com/%E6%BD%AE%E6%B5%81%E7%BE%8E%E5%9C%8B%E6%8D%B2%E8%B5%B7%E6%97%A5%E7%B3%BB%E9%A2%A8-uniqlo-soho%E7%B4%90%E7%B4%84%E5%BA%97%E9%96%8B%E5%B9%95-101330909.html（最後瀏覽日：2023 年 03 月 23 日）

在店內空間設計上維持「UNIQLO」給予大眾品牌形象的極簡
主義，希望提供消費者愉悅的購物體驗，同時透過大面櫥窗設
計使大眾得以透過櫥窗概覽店內所有的展示，由此透過商業空
間向大眾傳遞簡單、樸素的品牌文化。[51]

　　其次從連鎖店的空間設計觀之，隨著消費習慣從理性消
費轉向感性消費，品牌的建立與推廣也成為現今商業競爭的重
點，消費者願意追求有認同感的品牌商品，而非僅考量商品的
性能。[52]有鑑於此，現代企業透過廣泛設立連鎖店的方式，藉
此將企業文化傳播到市場，同時作為與消費者交流的媒介，故
有認為「品牌連鎖店也是一種商業語言，一種建構品牌形象，
傳播品牌文化提升企業與消費者情感交流，鞏固和建立品牌忠
誠度，體現品牌差異，保持企業競爭力的重要載體。」[53]

　　如何進行連鎖店的空間設計，近年來廣被企業所應用的為
「SI（Space Identity）」設計理論，又名空間識別設計理論，
係指針對連鎖店而進行具系統性及標準化的商業空間設計。[54]
「SI」設計理論於商業空間設計的應用，與一般單純注重舒適
及個人取向，不帶有品牌形象、商業市場色彩的室內設計，設

---

[51] 谷本真輝、金躍軍，《優衣策略UNIQLO思維：柳井正的不敗服裝帝國，超
　　強悍的品牌經營策略》，初版，清文華泉事業有限公司，2021年1月，193-
　　196頁。

[52] 呂冰鈺，《眼鏡品牌連鎖店 SI 設計探究》，河南師範大學藝術學碩士論
　　文，2018年，7頁。

[53] 同前註，8頁。

[54] 同前註。

計邏輯及考量取向皆不相同。[55]在具「SI」設計理論的連鎖店空間設計上，主要以「設計標準化」、「店面個性化」以及「經濟最佳化」為設計中心[56]，首先在「設計標準化」上透過SI 設計的規劃將不同地點及不同大小的空間整體營造一致的視覺印象，同時加速裝潢工程的進行；其次「店面個性化」，連鎖店的設計係建立於品牌識別及企業形象的基礎上，故應塑造具有強烈企業印象的商業空間設計，降低他人不當模仿，以加深與消費者間的信賴關係與忠誠度；最後「經濟最佳化」則是從經營的角度出發，從設計過程到施工細節都由企業建立一套統一管理系統，不僅保證設計品質，亦縮短工時及降低成本。[57]

以知名餐飲連鎖品牌春水堂為例，春水堂每間分店的設計皆由總部設計總監規劃設計，確保每間分店空間風格的一致性，以達「設計標準化」的效果，同時配有固定的裝修廠商，將設計的成本與品質透過固定廠商以便於管理。[58]在店面風格設計上，春水堂也致力於提供消費者完整的服務體驗，將東方文化常見的端景、插花等元素融入用餐空間中，營造充滿東方美學的空間，亦將主打「東方茶飲」的企業形象烙印於消費者

---

[55] 高倩，《老字號食品店的 SI 設計研究》，華北理工大學設計學碩士論文，2018 年，18 頁。

[56] 同註 52，9 頁。

[57] 同前註。

[58] 〈漂亮家居〉，《漂亮家居》月刊，第 217 期，2019 年 3 月，135 頁。

的印象中，開拓屬於春水堂的企業文化。[59]

# 第三節　小結

　　綜上所述，商業空間的設計作為接觸消費者第一線，對於企業及品牌形象建立而言極為重要，從透過商業空間的設計營造商店氣氛，吸引消費者接觸品牌及體驗服務外，再到旗艦店、連鎖店的設計，將企業形象深入消費者的印象，轉而使消費者追求並投入品牌的認同感，足見好的商業空間設計不僅得以吸引消費者，更能在市場及電子商務的競爭下留住消費者。有鑑於此，未來企業在實體店面的設計上定會投注更多心力及巧思，以建構獨一無二且別具特色的空間設計，作為品牌行銷上的重要核心。隨著權利保護意識的提升，如何預防惡意性仿冒及保護企業精心設計的商業空間設計，將成為室內設計相關智慧財產保護立法上思考重點，也係本文所欲探討的問題核心。

---

[59]　同前註，133頁。

# 第三章　我國室內設計智慧財產權保護

　　本章節將針對我國當前與室內設計相關智慧財產權法與公平交易法進行簡介，透過整理學說以及實務判決，釐清當前室內設計是否屬於我國相關法領域的保護客體而得以維權，並檢視出目前我國法於室內設計保護確有不完善及立法缺漏，並將相關問題統整於本章第五節。

## 第一節　設計專利

### 一、設計專利意涵及保護客體範圍

　　按專利法第 121 條第 1 項規定，所謂設計係指「指對物品之全部或部分之形狀、花紋、色彩或其結合，透過視覺訴求之創作。」具有美感的創作或設計於智慧財產權領域保護，過去傾向納入著作權法保護範疇，然隨著工業社會進步，許多將美感元素應用於工業製品之「應用美術」大量出現，與促進文化發展之著作權法不同，基於鼓勵產業競爭之「設計專利」保

護制度隨之而生。[60]不同於「發明專利」、「新型專利」等保護功能性之發明，設計專利保護具「視覺訴求」之創作，亦即該設計得被視覺直接感知及識別。[61]有鑑於此，設計專利之保護客體與其他專利有所區別，申請範圍限於具「物品性」以及「視覺性」之設計，又所謂物品性，首先設計專利強調須存在一「三度空間有體物與設計外觀」進行結合，除了專利法第 121 條第 2 項[62]性質上無法以三度空間實體物呈現之「電腦圖像及圖形化使用者介面」外，若僅單有設計外觀未應用實際物品或是無固定形狀之粉塵集合物等，無法成為設計專利保護範疇。[63]其次該物品須可供產業上利用，若無具一定用途或功能之純藝術品，亦無法進行申請而應改以著作權法加以保護。[64]最後在保護期限上，按我國專利法第 135 條[65]規定，我國為加強對設計專利權之保護，於 2019 年將保護期限由原先 12 年延長至 15 年。

---

[60] 劉國讚，《專利法之理論與實用》（四版），第 4 版，元照出版，2017 年 8 月，459 頁。

[61] 程凱芸，《設計專利申請實務》，初版，經濟部智慧財產局，2014 年 2 月，11 頁。

[62] 專利法第 121 條第 2 項：「應用於物品之電腦圖像及圖形化使用者介面，亦得依本法申請設計專利。」

[63] 蔡明誠，《專利法》，第 4 版，經濟部智慧財產局，2013 年 2 月，115-116 頁。

[64] 魏鴻麟，《設計專利審查基準》，第 4 版，2020 年「設計專利實體審查基準」修正重點，2016 年 2 月，50 頁。

[65] 專利法第 135 條：「設計專利權期限，自申請日起算十五年屆滿；衍生設計專利權期限與原設計專利權期限同時屆滿。」

## 二、設計專利於室內設計之適用情形

過去 2005 年版設計專利審查基準的規定，設計專利申請客體範圍排除建築物或室內、庭園等不動產，僅限於固定型態且可獨立交易之動產，然於 2013 年為因應專利法開放部分設計而刪除，此後不再限於可獨立交易之動產，然申請客體範圍是否包含建築物等不動產，尚有疑問，故於 2020 年新修正審查基準中「第二章何謂設計」明定設計專利保護範圍擴及至「建築物、室內空間、橋樑」等設計，同時於「第八章部分設計」說明有關室內設計的揭露方式。[66]有關室內設計於我國設計專利之修法內容及說明書圖式揭露方式，將於本文第五章「日本法對我國設計專利啟示」進行相關說明。

## 第二節　立體商標

## 一、立體商標意涵及保護客體範圍

我國商標法第 1 條[67]明示商標法之立法目的，係透過保障商標權及消費者利益來維護我國工商企業的公平秩序。[68]1993

---

[66] 經濟部智慧財產局，2020 年「設計專利實體審查基準」修正重點。

[67] 商標法第 1 條：「為保障商標權、證明標章權、團體標章權、團體商標權及消費者利益，維護市場公平競爭，促進工商企業正常發展，特制定本法。」

[68] 吳嘉生，《智慧財產法綜論》，初版，五南圖書出版股份有限公司，2021年 9 月，205 頁。

年以前我國商標法保護客體範圍僅涵蓋二維空間上之文字圖樣，惟為配合與貿易有關之智慧財產權協定之要求以及加強國際貿易活動下我國企業於國際市場上競爭力，遂順應國際立法趨勢分別於 1998 年以及 2003 年將「顏色」、「聲音」、「立體形狀」等商標類型納入舊商標法第 5 條註冊範圍。[69]而後 2011 年更進一步擴大新型態商標保護範圍，凡足以辨識商品或服務來源之新型態商標，包含立體形狀、動態以及聲音等，皆可按現行商標法第 18 條第 1 項[70]規定進行商標註冊。[71]

又所謂立體商標，按經濟部智慧財產局於 2004 年發布之審查基準，將其定義為「指凡以三度空間之具有長、寬、高所形成之立體形狀，並能使相關消費者藉以區別不同之商品或服務來源之商標。」，可能申請客體態樣包含「商品本身的形狀、商品包裝容器之形狀、立體形狀標識（商品或商品包裝容器以外之立體形狀）、服務場所之裝潢設計以及文字、圖形、記號或顏色與立體形狀之聯合式。」[72]

以下透過表 2 整理商標法四次有關保護客體之修法內容，

---

[69] 高秀美，〈擴大保護非傳統商標之介紹〉，《智慧財產權月刊》，第 127 期，2009 年 7 月，20-21 頁。

[70] 商標法第 18 條第 1 項：「商標，指任何具有識別性之標識，得以文字、圖形、記號、顏色、立體形狀、動態、全像圖、聲音等，或其聯合式所組成。」

[71] 陳冠勳，〈非傳統商標涉及功能性或專利技術之審查實務與案例探討〉，《專利師》，第 21 期，2015 年 4 月，41 頁。

[72] 陳惠靜，〈公告立體、顏色及聲音商標審查基準〉，《理律法律雜誌雙月刊》，93 年 7 月號，2004 年 7 月，14 頁。

以便讀者快速理解商標法保護客體之立法沿革。

表 2　商標法保護客體之立法沿革[73]

| | 法條 | 保護客體範圍 |
|---|---|---|
| 1993 年以前 | 商標法第 5 條 | 文字、圖形、記號、或其聯合式。 |
| 1998 年 | 商標法第 5 條 | 文字、圖形、記號、顏色組合或其聯合式。 |
| 2003 年 | 商標法第 5 條 | 文字、圖形、記號、顏色、聲音、立體形狀或其聯合式。 |
| 2011 年 | 商標法第 18 條 | 文字、圖形、記號、顏色、立體形狀、動態、全像圖、聲音等,或其聯合式。 |

## 二、立體商標之要件

　　使用商標之目的,並非裝飾或美化商品,而係明確表明商品之特定來源使消費者得以辨明並與市場其他商品來源進行區隔。[74]有鑑於此,無論是平面商標或立體商標,在申請時皆須審查是否符合「識別性」以及「非功能性」兩要件,兩要件為個別獨立且缺一不可,以確保欲申請商標足以使消費者將其認

---

[73]　資料來源:本文自行整理製作。

[74]　張澤平、張桂芳,《商標法》,第 4 版,書泉出版社,2004 年 3 月,18 頁。

為表彰商品服務之標識，並藉此與其他商品進行區隔。[75]以下將分別就立體商標之「識別性」以及「非功能性」兩要件進行簡介。

## （一）識別性（積極要件）

識別性乃商標取得註冊之積極要件，按商標法第 18 條第 2 項規定，欲申請之商標應該當「足以使商品或服務之相關消費者認識為指示商品或服務來源，並得與他人之商品或服務相區別者。」，亦即須滿足消費者得明確認識該標識來源以及得與市場其他商品或服務進行區別之兩大內涵，若該標識從消費者角度觀之，僅具說明或強調該商品或服務之型態或用途而無法直接導出標識來源，此時應認該標識具提供消費者相關資訊之實用性質，而無法滿足識別性之要件。[76]此外，若該標識係僅具裝飾或提高藝術性之功能，亦是欠缺識別性。[77]相較於平面圖樣相比，立體商標較難滿足識別性要件，特別是欲註冊之立體形狀為商品本身或包裝時，按消費者理解較難直接與區別商品來源之標識相連結，反較常將其視為提供商品資訊或裝飾性功能之標識，故實務在識別性的證明上要求更為嚴格。[78]以

---

[75] 蔡惠如，〈產品外觀設計之法律保護〉，《月旦法學雜誌》，第 227 期，2014 年 3 月，233 頁。

[76] 經濟部智慧財產局，《商標識別性審查基準》，2022 年 7 月 26 日，12 頁。

[77] 黃銘傑，〈功能性立體商標與專利權保護間之競合與調和〉，《月旦法學雜誌》，第 120 期，2005 年 4 月，155 頁。

[78] 涂軼，〈以「台北 101 大樓」為例——淺談立體商標〉，《台一顧問通

實際註冊事例觀之，亞洲大學針對校內的亞洲現代美術館進行立體商標註冊，惟審查後認為該美術館的建築，「依一般消費者的認知，通常僅將其視為建築體外觀，不會以之作為識別來源的標識，不足以使服務之相關消費者認識其為表彰服務之標識，而藉以與他人之服務相區別」，無法直接以該標識連結到對美術館服務來源，故以不具識別性為由駁回其註冊。[79]

## （二）非功能性（消極要件）

所謂功能性，係指該商品之設計並非與特定來源相連結，而係為確保商品的使用或功能發揮而為之設計。[80]相較於專利權有限的保護期間，商標權得藉由期間延展而取得永久保護，而功能性商品對技術面以及實用面影響較大，故基於避免技術壟斷以維護產業競爭的目的，商標法第 30 條第 1 項第 1 款明定若該標識「僅為發揮商品或服務之功能所必要者」，無法該當非功能性要件而取得註冊。[81]如何具體判斷立體商標是否滿足非功能性，立體、顏色及聲音商標審查基準[82]中明示若該立體形狀為達到該商品或服務之使用、目的或某技術效果所必須，以及經濟成本之考量，例如若以立體圓形註冊輪胎商標，

---

訊》，第 193 期，2017 年 8 月，2 頁。

[79] 經濟部智慧財產局，103 年 10 月 30 日商標核駁審定書核駁第 T0358704 號。

[80] 林洲富，〈顏色、立體及聲音商標於法律上保護兼論我國商標法相關修正規定〉，《月旦法學雜誌》，第 120 期，2005 年 5 月，115 頁。

[81] 同註 71，45 頁。

[82] 經濟部智慧財產局，《立體、顏色及聲音商標審查基準》，9-11 頁。

惟圓形為達成輪胎之使用目的所必要，此時應認不具非功能性
而不得註冊。[83]

## 三、立體商標於室內設計之適用情形

　　與室內設計最直接相關之立體商標申請態樣為「服務場所
之裝潢設計」，而服務場所之裝潢設計的內涵，於《立體、顏
色及聲音商標審查基準》中並未加以說明，僅強調其識別性判
斷標準應與商品包裝形狀相同，其保護範圍為何，尚無定論，
有論者從一般消費者對服務場所之裝潢的認知出發，認為保護
範圍似強調場所整體硬件上的設計，包含桌椅、空間結構、擺
設等。[84]而服務場所之裝潢設計如何具體判斷是否滿足「識別
性」以及「非功能性」之要件，首先觀諸「識別性」，欲申請
之服務場所不得為市面通用且常見的裝潢，需具備鮮明特色而
得與市場其他服務場所設計有所區別外，消費者對其亦有深刻
的印象而得以該場所裝潢直接連結到服務來源，常見如連鎖咖
啡廳之店鋪裝潢，即該當識別性。[85]再來「非功能性」之判
斷，與立體商標判准相同，需該場所裝潢不得為達服務之使用

---

[83] 許為柔，〈非傳統商標之立體商標〉，《廣流智權評析》，第 43 期，2018
　　年 2 月，8 頁。

[84] 蘇文萱，〈服務場所裝潢設計之保護〉，《成大法學》，第 21 期，2011 年
　　6 月，159-160 頁。

[85] 侯啟麟，《從我國實務判決探討立體商標與表徵之保護》，私立中原大學財
　　經法律研究所碩士論文，2010 年，44 頁。

目的或成本考量所必須，舉例而言零售店的裝潢設計，為達使顧客方便挑選及購買之目的，大部分零售店及超市皆採取按商品性質分類以及陳列架展示的方式進行設計，若某一零售店以此裝潢設計註冊，因屬於市面常見裝潢無法滿足識別性要件，也因屬為達服務目的所需之功能性設計，故無法以此裝潢設計客體進行註冊而受商標法保護。

## 第三節　著作權法

### 一、學說及經濟部智慧財產局關於室內設計之著作定性

　　按著作權法第 5 條第 1 項例示規定，著作權法所保護的客體範圍包含語文著作、美術著作及圖形著作等[86]11 個著作類別。[87]其中與室內設計關聯最接近類別為「建築著作」，按官方文獻例示，建築著作被定義為「包括建築設計圖、建築模型、建築物及其他之建築著作。」，例如台北 101 大樓，因建築本身具備原創性而得成為著作權法中建築著作之保護客體。

---

[86] 著作權法第 5 條第 1 項：「第 5 條本法所稱著作，例示如下：一、語文著作。二、音樂著作。三、戲劇、舞蹈著作。四、美術著作。五、攝影著作。六、圖形著作。七、視聽著作。八、錄音著作。九、建築著作。十、電腦程式著作。」

[87] 章忠信，《著作權法逐條釋義》，第 5 版，五南圖書出版股份有限公司，2019 年 9 月，27-28 頁。

[88]建築著作相較於其他著作類別立法及發展時間較晚外，建築設計及建築過程涉及著作種類較為複雜，例如設計圖或建造圖種類即包含草圖、設計圖、結構圖、透視圖、模型、建築物本身或是建築物內部室內設計圖等，故哪些屬於建築著作保護範圍即產生爭議。[89]除了建築著作未明示涵蓋室內設計，亦未出現於主管機關所例示的其他著作內容中，以致室內設計究竟屬於何種著作類別而得以成為我國著作權法保護客體，學說及實務上眾說紛紜[90]，本節以下將分別整理學說各見解以及經濟部智慧財產局相關函釋，探究各學說及經濟部智慧財產局針對室內設計所主張之著作定性。

## （一）圖形著作說

所謂圖形著作，係指以思想、感情表現圖形之形狀或模樣之著作，得以平面圖與立體圖形式呈現，包含地圖、圖表、科技或工程設計圖及其他之圖形創作。[91]

按經濟部函釋脈絡解釋觀之，目前主管機關並不將室內裝潢之「室內設計圖」納入建築著作所保護範疇，理由在於建築

---

[88] 沈中元，《藝術與法律》，第 2 版，五南圖書出版股份有限公司，2016 年 9 月，29 頁。

[89] 蘇南、方星淵，〈建築設計之著作權研究〉，《科技法學評論》，第 10 卷 第 2 期，2013 年 12 月，115 頁。

[90] 同註 8，100 頁。

[91] 林洲富，《著作權法：案例式》，第 5 版，五南圖書出版股份有限公司，2020 年 6 月，40 頁。

著作保護內涵係該建築藝術表現形式，避免具原創性及創作性的建築物外觀被不肖複製及使用，並非保護該建築之風格或技術，甚至施工方法，故建築著作保護客體不包含室內設計及其他裝飾家具，僅保護具原創性的建築物外觀或結構。[92]倘設計客體為室內裝潢之「室內設計圖」，且標示有尺寸、規格或結構等之圖形，並具有「原創性」及「創作性」，則屬於「圖形著作」類別而得成為著作權法保護之客體。[93]從而將未經授權之設計圖以「平面轉立體」之方式重現，即按圖施工之行為，該完工之室內裝潢，性質上屬「實施行為」，為屬不涉及著作的利用行為，反之若直接「平面轉平面」形式重現該設計圖內容，則定性為著作權法規範的重製行為，屬侵害著作權人之重製權。[94]另有關於內附的家具若屬「不具創作性之功能性商品」，應轉而尋求其他智慧財產權保護，除非原本家具上存在「具有創作性的美術花樣」等，否則應認不屬於著作權法保護範圍。[95]

## （二）建築著作說

　　所謂建築著作，亦即將思想或感情透過在土地上的工作物加以表現之著作，並依照「著作權法第 5 條第 1 項各款著作內

---

[92] 經濟部智慧財產局 107 年 10 月 01 日智著字第 10716009930 號函釋。

[93] 同前註。

[94] 經濟部智慧財產局 103 年 5 月 23 日電子郵件字第 1030523b 號函釋。

[95] 章忠信，〈室內設計之著作分類爭議〉，載於：http://www.copyrightnote.org/ArticleContent.aspx?ID=6&aid=2973。

容例示」第 2 項第 9 款規定，範圍涵蓋包括建築設計圖、建築模型、建築物及其他之建築著作，保護範圍甚廣。[96]建築屬於複數性質之著作類型，同時涵蓋美術著作與圖形著作之特性，例如建築物本身即擁有立體美術著作的性質，而建築設計圖則回歸圖形著作特性，惟須注意建築著作限與建築領域直接相關的創作始足當之，但美術著作及圖形著作則無特別限制。[97]

　　有論者認為「室內設計圖」性質上仍屬建築領域的一環，蓋其係建築物設計後，針對建築物室內另為的設計，解釋上應將其納入建築著作之一環。[98]此外回歸建築著作之定義，其係保護包含創作者思想及感情創作而成的建築物外觀，基於相同法理，「室內設計」整體為包含創作者思想及感情創作而成的建築物「內部」，除了性質屬室內設計範疇外，也應認其屬於建築著作保護客體。[99]

## （三）美術著作說

　　美術著作，有學者試定義其內涵為「在於繪畫、雕刻等美術技巧表達創作者之思想感情。」[100]次按「著作權法第 5 條第

---

[96] 蕭雄淋，《著作權法論》，第 9 版，五南圖書出版股份有限公司，2021 年 8 月，99 頁。

[97] 同註 5，164 頁。

[98] 行政院研究發展考核委員會，《著作權案例彙編：建築著作篇（9）》（POD），初版，行政院研究發展考核委員會，2006 年 8 月，11-12 頁。

[99] 林洲富，《著作權法：案例式》，第 5 版，五南圖書出版股份有限公司，2020 年 6 月，45 頁。

[100] 姚信安，〈雙魚羅生門：論美術著作之抄襲——從智慧財產法院一〇〇年度

1 項各款著作內容例示」第 2 項第 4 款規定，保護客體涵蓋繪畫、版畫、漫畫、連環圖（卡通）、素描、法書（書法）、字型繪畫、雕塑、美術工藝品等及其他之美術著作。除了純粹藝術鑑賞性質的美術作品外，有論者認為若該著作為結合實用功能的應用美術作品，本類別僅承認單一及手工打造，同時具備原創性及創作性之工藝品，例如手製花瓶、染布等，若該工藝品得以機器量化生產及製作，並無法認其屬美術著作所保護之客體。[101]

　　按經濟部函釋有見解認為，若該「室內設計圖」非屬標示有尺寸、規格或結構之圖形，而係單純係以設計美感為特徵所創作的「室內設計之外觀圖」，則肯認該「室內設計之外觀圖」屬於美術著作保護客體。[102]另有論者從美術著作的定義出發，認為無需拘泥「室內設計圖」與「室內設計之外觀圖」之差別，而應肯認「室內設計」整體屬於美術著作，理由在於相較於建築著作限於建築相關範疇，美術著作保護客體範圍較為廣泛，應用性與美術性兼具的工藝品皆涵蓋在內，而「室內設計」本身也係具高應用性的空間藝術，由整體空間視覺與觸覺構成，故建議與其糾結於建築設計與室內設計的連結與區別，司法實務上不妨將室內設計定性為美術著作的一種，符合美術

---

刑智上訴字第三九號刑事判決談起），《月旦法學雜誌》，第 217 期，2013 年 6 月，164 頁。

[101] 羅明通，《著作權法論I》，第 8 版，三民書局，2014 年 5 月，228 頁。

[102] 經濟部智慧財產局 104 年 09 月 09 日智著字第 10400061820 號函釋。

著作的定義又可將室內設計納入我國著作權法保護範疇，同時又解決「室內設計圖」與「室內設計之外觀圖」之區辨問題。[103]

　　以下表 3 整理有關室內設計著作定性各學說見解，以便讀者迅速掌握各學說見解之異同及適用情形。

表 3　室內設計著作定性學說見解比較[104]

|  | 圖形著作說 | 建築著作說 | 美術著作說 |
|---|---|---|---|
| 保護客體 | 標示有尺寸、規格或結構等且具有原創性及創作性之「室內設計圖」 | 「室內設計圖」與「室內設計」 | 「室內設計之外觀圖」與「室內設計」 |
| 依據他人設計圖施作的行為（平面轉立體） | 屬「實施行為」，不涉及著作利用行為。 | 可能構成改作與重製行為。 | 可能構成改作與重製行為。 |
| 模仿他人施作之室內設計 | 不涉及著作利用行為。 | 可能構成改作與重製行為。 | 可能構成改作與重製行為。 |

## 二、司法實務判決關於室內設計之著作定性

　　過去與室內設計侵害相關的司法實務案件，台灣智慧財產

---

[103] 同註 6，41-42 頁。

[104] 資料來源：本文自行整理製作。

及商業法院[105]僅有一件保全證據相關案件，該案件法院明確採取與經濟部函釋相同見解，認為被告按照他人設計圖施工的行為，性質上屬於實施行為，不構成重製行為而認無證據保全之必要。[106]直至 2018 年台灣智慧財產及商業法院作出 104 年度民著訴字第 32 號民事判決（以下簡稱酒店客房設計案），藉本件兩酒店的客房設計糾紛也使得司法實務界開始重視及討論室內設計的著作定位以及保護，同時也啟發國內企業對於室內設計智慧財產權的維權意識，以致後續陸續出現台灣智慧財產及商業法院 108 年度民著訴字第 124 號民事判決（以下簡稱宿舍設計案）以及台灣智慧財產及商業法院 109 年度民著訴字第 40 號民事判決（以下簡稱展場設計案），顯見未來司法實務要如何解決室內設計的著作定性，已成為棘手且迫切的問題。上述三案件雖尚未全案定讞，但歷審法院對室內設計的著作定位所採取見解以及對於後續案件的影響亦值得關注，故本節將簡介三個實務的案件事實以及歷審法院如何定義室內設計的著作定性，以釐清現行司法實務如何定義室內設計的著作定性。

## （一）酒店客房設計案

### 1、案件事實

原告雲○觀光股份有限公司於 2009 年 3 月委請知名室內

---

設計師陳○○主持之「○○室內裝修有限公司」（下稱○○公司）設計旗下君○酒店的室內客房。而被告桂○酒店股份有限公司負責人於 2014 年 5 月入住君○酒店豪華客房，並陸續派員以參觀鑑賞名義，針對君○酒店雅緻客房的擺設及設計進行實地測量及拍攝。嗣後發現被告所經營之台東桂○酒店爵士雙人房、尊爵雙人房與伯爵雙人房（後更名為「豪華客房」、「尊尚豪華客房」、「高級家庭客房」、「尊貴豪華客房」、「豪華家庭客房」），其牆面材質選用、配置設計、家具佈置擺設等，均與君○酒店的雅緻客房、豪華客房以及行政豪華客房設計高度相似，有抄襲原告客房室內設計之嫌，遂向台灣智慧財產及商業法院依著作權法與公平交易法提起著作權侵害與不正競爭之訴，要求被告等連帶賠償新台幣 500 萬元，並將近似客房予以拆除，同時要求被告不得使用及刪除桂○酒店官網及各訂房網站有關近似客房的照片。[107]本節將著重於著作定性的討論，公平交易法相關爭點將於本章第四節進行相關說明。

**2、歷審判決關於室內設計著作之定性**

室內設計究應定性為著作權法所保護之何種著作類型，第一審智慧財產及商業法院認為「建築著作係透過三度空間之構造物來表達思想、感情之創作，其表達之範圍，除了由外部可見之外觀及其結構，尚包含建築物內部空間及周圍空間（如庭園、景觀設計）之規劃、設計，蓋建築物係提供人類活動之三

---

[107] 智慧財產法院 104 年度民著訴字第 32 號民事判決。

度空間構造物，自不能不對其內部或周圍之空間一併進行規劃、設計，以符合其使用之目的（如居住、商業、工作、公共空間等）。」[108]法院認為建築著作以及室內設計，縱有設計空間及手法之區別，惟兩者間具相輔相成關係，不妨害具原創性之室內設計創作作為建築著作，且為我國著作權法保護客體。[109]因此第一審法院將「室內設計」定性為「其他建築著作」，並與「建築著作」享有同等之保護，且不區分「室內設計」及「室內設計圖」，認為室內設計圖及室內設計之實體物（室內設計整體之表達方式）皆屬於「室內設計」的保護範疇。[110]

　　第二審智慧財產及商業法院維持原審對於室內設計著作定性並進行更詳細的說明，法院首先闡明建築著作與圖形著作的區別，建築著作本質上屬於圖形著作的一環，然著作權法已將建築著作獨立為一種著作類型，故在現行法建築著作與圖形著作已分屬不同著作類型而不宜混為一談。[111]其次有關於室內設計著作定性，法院肯定原審法院見解，認為建築著作保護對象為以表達思想或感情而創作的建築物外觀，而所謂「建築物外觀」並非僅單指建築物外部，而係同時包含建築物內部的設

---

[108] 智慧財產法院 104 年度民著訴字第 32 號民事判決。

[109] 同前註。

[110] 林美宏，〈商業空間室內設計之保護——以旅館、飯店業者為例〉，《台一專利商標雜誌》，第 233 期，2020 年 9 月，2 頁。

[111] 智慧財產法院 107 年度民著上字第 16 號民事判決。

計，故「室內設計」亦在建築著作保護對象之列。[112]最後法院重申「室內設計之創作，具有原創性時，應成立著作權法之其他建築著作，且與建築著作享有同等之保護，故室內設計著作之保護範圍，應包含室內設計圖及室內設計之實體物。」，再次強調應避免區分室內設計圖與室內設計，保護範圍應涵蓋室內設計圖及室內設計整體。[113]

最高法院於 2021 年 1 月將二審判決發回更審，在保護客體認定上，最高法院認為二審判決逕在「室內設計之著作定性」上花費大量篇幅闡述，卻疏未斟酌被告提出系爭客房本身未具備「原創性」的證據及防禦方法。[114]然本判決於室內設計著作定性上，並未指摘二審法院有法律適用錯誤，似可認最高法院亦贊同「室內設計屬於其他建築著作」的見解。[115]

惟至近期 2022 年 10 月更一審判決，智慧財產及商業法院改採區分見解，將「室內設計整體」區分為「與建築物結構緊密結合或依附於建築物內部」和「與建築著作本質無關之家具飾品擺設及慣用配置」，前者因屬無法與建築物分離之內部空間且具原創性之設計，得為著作權法第 5 條第 1 項第 9 款建築

---

[112] 章忠信，〈回溯授權能否取得將室內設計當作建築著作保護之訴訟適格之爭議──智財法院 107 年度民著上字第 16 號、104 年度民著訴字第 32 號判決〉，《台灣法學雜誌》，第 385 期，2020 年 2 月，150 頁。

[113] 同註 7，154 頁。

[114] 最高法院 109 年度台上字第 2725 號民事判決。

[115] 同註 6，31 頁。

著作之保護客體而受著作權法所保護，後者家具飾品擺設及慣用配置，如本件客房內所陳設「商務桌旁椅子」、「方型燈罩之檯燈」等，性質上可隨意移動或移出，容易與建築物內部空間分離而與建築物本質無涉，難認同受建築著作所保護，進一步限縮建築著作保護範圍。[116]

## （二）宿舍設計案

### 1、案件事實

原告星○企業行於 2015 年得知被告日○光公司將就其女性外勞宿舍大樓內部設計，房數約 400 間，以每間 9 萬 5 千元預算進行投標，原告星○企業行並與另一原告萬○公司共同規劃空間之利用及結構安全，其後完成室內平面設計圖（簡稱系爭宿舍設計圖）及打樣完成之立體樣品屋（簡稱系爭樣品屋）。[117]原告得標後，因預算爭執問題，原被告雙方並未完成簽約，而後被告轉委託另一被告新○○公司施作完成，嗣後原告發現該完工之內部設計及配置，皆與其室內平面設計圖及立體樣品屋高度雷同，遂主張被告侵害其建築著作之著作權提起告訴。[118]

---

[116] 智慧財產及商業法院 110 年度民著上更（一）字第 1 號民事判決。

[117] 智慧財產法院 108 年度民著訴字第 124 號民事判決。

[118] 同註 95。

## 2、歷審判決關於室內設計著作之定性

### (1) 民事判決

針對本案「系爭宿舍設計圖」以及「立體樣品屋」的著作定性，第一審智慧財產及商業法院參酌經濟部函釋的見解[119]，首先認為原告主張的「系爭宿舍設計圖」有明顯且具體的尺寸、規格標示，且設計圖設計對象為室內空間的裝潢，並不涉及建築整體結構，故應定性為圖形著作。[120]另外「立體樣品屋」的認定，法院認該樣品屋僅係單純按照平面設計圖施作完成的作品，並無創作者的思想或感情之表達融入其中，性質上自非屬「建築著作」亦非「獨立著作」，且該施作完成之樣品屋係以按圖施工之方法將平面圖形立體化，屬於「實施」行為，並不構成著作權法相關利用行為，故原告侵害著作權之主張無理由。[121]

第二審智慧財產及商業法院在「系爭宿舍設計圖」的認定上維持原審的見解，惟在「立體樣品屋」的著作定性上，法院認為建築著作的保護客體為「任何有形媒體而具體呈現之建築設計」，且保護範圍除建築物整體外觀或外部外，尚包含建築物內部空間的室內設計，而所謂室內設計本質上即由多種相關物品所構成，例如牆壁、家具等，本件系爭樣品屋根據原告提

---

[119] 同註 92。

[120] 智慧財產法院 108 年度民著訴字第 124 號民事判決。

[121] 同前註。

供的證據足認屬已完成的室內設計實體，該當「建築著作」的保護客體且具原創性，故認系爭樣品屋為「直接重複製作」，屬「立體轉立體」之利用行為，構成著作權法第 3 條第 1 項第 5 款前段之「重製」，本審法院係採較為細緻的區分見解，將「室內平面設計圖」與「室內設計實體物」定性為不同著作，前者屬圖形著作而後者屬建築著作，但皆為現行著作權法所欲保護客體。[122]

### （2）刑事判決

在刑事部分第一審刑事判決與本件第一審民事判決法院見解一致，採取與經濟部函釋相同解釋脈絡，認為建築著作係保護具原創性的「建築外觀或結構」，而室內設計現行著作權法係將其歸類於「圖形著作」之類別，故按經濟部函釋定性系爭具有尺寸標示之設計圖為「圖形著作」，而系爭樣品屋為單純按圖施工之結果，「其製作過程實為系爭工程設計圖之立體展示，屬模擬性之實施行為，並未產生另一新的著作，即非獨立之著作權保護標的」，認其非屬著作權法保護範疇。[123]

到第二審智慧財產及商業法院則完全推翻原審的見解，法院參諸美國著作權法第 101 條定義，認為「建築著作可知，係指以任何有形媒體而具體呈現之建築設計，包括建築物、建築設計圖或草圖。除整體形式外，並及於空間之安排、組合與設

---

[122] 智慧財產及商業法院 109 年度民著上字第 23 號民事判決。

[123] 台灣橋頭地方法院 107 年度智易字第 7 號刑事判決。

計之要素……保護之對象是其審美的外觀,所謂外觀並非僅指在建築物之外觀,亦包含建築物之內部及外部,故室內設計為保護之範圍。」,故將本件「室內平面設計圖」以及「樣品屋」皆定性為「建築著作」,認被告行為該當著作權法第 91條第 1 項重製他人著作財產權。[124]到第三審最高法院,法院駁回被告的上訴,同時並未指摘第二審法院有適用法律錯誤,似可得出最高法院亦肯認將建築著作範圍涵蓋「室內設計圖」以及「室內設計」。[125]

## (三)展場設計案

### 1、案件事實

被告○○企業有限公司擬參加 2019 年 4 月舉辦之「2019台北國際汽車零配件展(TAIPEI AMPA 2019)」(簡稱系爭展覽),故委託原告○○空間整合設計有限公司按照被告指示的風格進行展場設計,原告按被告要求完成展場設計圖(簡稱系爭展場設計圖)並提供予被告,其後未獲被告任何回應且雙方亦未完成簽約,惟日後原告於系爭展覽發現被告所佈置之展區(簡稱系爭展區)與原告所提供之設計圖高度雷同,認被告未經原告之同意或授權逕自於系爭展覽期間使用系爭設計圖佈置其展區,其利用行為應構成屬重製或改作,已侵害原告之著

---

[124] 智慧財產法院 109 年度刑智上易字第 39 號刑事判決。
[125] 最高法院 110 年度台上字第 3615 號刑事判決。

作人格權及著作財產權，故提起本件訴訟。[126]

　　2、歷審判決關於室內設計著作之定性

　　第一審法院認定系爭展場設計圖屬建築著作，其論述引用智慧財產法院 104 年度民著訴字第 32 號之論述，認為建築設計與室內設計二者性質相近且功能上相輔相成，且近年來不論在國內外在室內設計領域常舉辦設計大賽給予優秀得作品肯定，肯認室內設計作品確實具有高度之藝術性及財產上價值，自應受建築著作範疇的保護，本件系爭設計圖所呈現之立體外觀及結構，皆涵蓋創作者針對業者與觀感民眾所精心設計的動線安排及擺設陳列，顯具有原創性而屬於受著作權法保護之建築著作類別中的「其他建築著作」。[127]

　　第二審法院除了維持第一審法院對於系爭展場設計圖的著作定性見解外，又進一步強調室內設計圖與圖形著作的區別，蓋建築設計圖或室內設計圖性質上雖屬於圖形著作，然我國著作權法基於維護建築設計目的繼而將「建築著作」獨立為另一種著作類型，自不應將設計圖繼續定性為圖形著作。[128]

## （四）司法實務關於室內設計著作之定性整理

　　總結司法實務上關於室內設計著作定性，針對「室內設計

---

[126] 智慧財產法院 109 年度民著訴字第 40 號民事判決。

[127] 智慧財產法院 109 年度民著訴字第 40 號民事判決。

[128] 智慧財產及商業法院 109 年度民著上易字第 28 號民事判決。

圖」，多數見解將其定性為「建築著作」[129]，而少數見解將其定性為「圖形著作」[130]。而「室內設計之實體物」，多數見解同樣將其定性為「建築著作」[131]，少數見解則將其定性為「非獨立著作」[132]。近期則有見解採區分說，認為「建築著作」範圍僅包含「室內設計圖」以及「依附於建築物內部之設計」，排除得任意移動或變更之家具擺設。[133]惟現今與室內設計相關的著作權法案件數量不多，是否成為實務穩定多數見解仍有待後續實務判決累積。

　　觀諸上述三案件，同一案件不同法官所持的觀點及見解迥異，故本文將各審法院見解以下表 4 進行整理，以方便理解及對照同一案件和不同案件間各級法院之見解。

---

[129] 參諸智最高法院 110 年度台上字第 3615 號刑事判決、最高法院 109 年度台上字第 2725 號民事判決、智慧財產法院 107 年度民著上字第 16 號民事判決等。

[130] 參諸智慧財產法院 108 年度民著訴字第 124 號民事判決、智慧財產及商業法院 109 年度民著上字第 23 號民事判決等。

[131] 參諸智最高法院 110 年度台上字第 3615 號刑事判決、最高法院 109 年度台上字第 2725 號民事判決、智慧財產法院 107 年度民著上字第 16 號民事判決等。

[132] 參諸智慧財產法院 108 年度民著訴字第 124 號民事判決、台灣橋頭地方法院 107 年度智易字第 7 號刑事判決等。

[133] 智慧財產及商業法院 110 年度民著上更（一）字第 1 號民事判決。

表 4　室內設計著作定性實務見解整理[134]

| 酒店客房設計案 | 宿舍設計案 | 展場設計案 |
|---|---|---|
| 智慧財產法院 104 年度民著訴字第 32 號民事判決（2018 年 9 月）：<br>「室內設計圖」及「室內設計之實體物」：建築著作 | 智慧財產法院 108 年度民著訴字第 124 號民事判決（2020 年 10 月）：<br>室內設計圖：圖形著作<br>立體樣品屋：非獨立著作，為圖形著作之立體化 | 智慧財產法院 109 年度民著訴字第 40 號民事判決（2020 年 10 月）：<br>室內設計圖：建築著作 |
| 智慧財產法院 107 年度民著上字第 16 號民事判決（2019 年 9 月）：<br>「室內設計圖」及「室內設計之實體物」：建築著作 | 智慧財產及商業法院 109 年度民著上字第 23 號民事判決（2022 年 5 月）：<br>室內設計圖：圖形著作<br>立體樣品屋：建築著作 | 智慧財產及商業法院 109 年度民著上易字第 28 號判決（2021 年 9 月）：<br>室內設計圖：建築著作 |
| 最高法院 109 年度台上字第 2725 號民事判決（2021 年 1 月）：<br>「室內設計圖」及「室內設計之實體物」：建築著作 | 台灣橋頭地方法院 107 年度智易字第 7 號刑事判決（2020 年 5 月）：<br>室內平面設計圖：圖形著作<br>立體樣品屋：非獨立著作，為圖形著 | |

---

[134] 資料來源：本文自行整理製作。

| 酒店客房設計案 | 宿舍設計案 | 展場設計案 |
| --- | --- | --- |
| | 作之立體化 | |
| 智慧財產及商業法院 110 年度民著上更（一）字第 1 號民事判決（2022 年 10 月）：<br>「室內設計圖」及「室內設計之實體物」：建築著作<br>「與建築著作本質無關之家具飾品擺設及慣用配置」：非屬建築著作 | 智慧財產法院 109 年度刑智上易字第 39 號刑事判決（2020 年 10 月）：<br>室內平面設計圖：建築著作<br>立體樣品屋：建築著作 | |
| | 最高法院 110 年度台上字第 3615 號刑事判決（2021 年 11 月）：<br>室內平面設計圖：建築著作<br>立體樣品屋：建築著作 | |

## 第四節　公平交易法之不公平競爭

公平交易法第三章關於「不公平競爭」之不法內涵，相較於規範獨佔、聯合行為等相對「限制行為」係基於維護市場自

由競爭之目的，不公平競爭則重於維護「競爭手段之純正」，不公平競爭行為本身有違反商業倫理之虞，進而可能阻礙市場有效競爭。[135]近年來隨著企業經營與的消費模式的轉變，產品外觀包裝設計與商店設計已逐漸受到企業所重視，願在設計上花費大量時間與經濟成本，期待以創意提高消費者的購買或享受服務的意願，然創意不斷，抄襲及侵權風險就隨之而來，若權利人未以其他智慧財產權法加以維權，此時主要考慮以公平交易法第公平交易法第 22 條以及公平交易法第 25 條不公平競爭的規定主張權利，避免侵權人之行為對市場造成無效競爭的情形。[136]故本節將著重討論公平交易法第 22 條以及公平交易法第 25 條保護客體範圍以及與司法實務判決，以釐清室內設計於公平交易法可能適用的保護客體態樣。

## 一、公平交易法第 22 條

### （一）公平交易法第 22 條意涵

　　觀諸公平交易法第 22 條[137]規範內涵，在於保護「著名商

---

[135] 李素華，〈完善智慧財產權保護之重要制度：公平交易法之不公平競爭〉，《當代法律》，第 3 期，2022 年 3 月，85 頁。

[136] 呂靜怡，〈公平交易法第 22 條及第 25 條有關仿襲產品外觀之實務案例解析〉，《萬國法律》，第 225 期，2019 年 6 月，49 頁。

[137] 公平交易法第 22 條：「（第 1 項）事業就其營業所提供之商品或服務，不得有下列行為：一、以著名之他人姓名、商號或公司名稱、商標、商品容器、包裝、外觀或其他顯示他人商品之表徵，於同一或類似之商品，為相同或近似之使用，致與他人商品混淆，或販賣、運送、輸出或輸入使用該項表

品或服務表徵」，避免他人蓄意仿冒，蓋各表徵為各企業長期經營與努力，藉以打造消費者容易認知並與市場區別的商品或服務來源，不當仿冒行為除侵害他事業長期投入品牌經營的成果外，亦造成市場出現不公平競爭的情形，故杜絕並防止不當仿冒，為本條主要規範目的。[138]本條於 2015 年修正以前，與商標法長期存有規範重疊及如何適用的問題，遂於 2015 年修正以後，將著名表徵分為「已註冊著名商標」及「未註冊著名商標」，前者回歸商標法保護範疇，後者則因商標法未予以保護，基於補充規範之目的以本條加以保護，藉此明確商標法與公平交易法於著名商標之適用界線。[139]

---

徵之商品者。二、以著名之他人姓名、商號或公司名稱、標章或其他表示他人營業、服務之表徵，於同一或類似之服務為相同或近似之使用，致與他人營業或服務之設施或活動混淆者。（第 2 項）前項姓名、商號或公司名稱、商標、商品容器、包裝、外觀或其他顯示他人商品或服務之表徵，依法註冊取得商標權者，不適用之。（第 3 項）第一項規定，於下列各款行為不適用之：一、以普通使用方法，使用商品或服務習慣上所通用之名稱，或交易上同類商品或服務之其他表徵，或販賣、運送、輸出或輸入使用該名稱或表徵之商品或服務者。二、善意使用自己姓名之行為，或販賣、運送、輸出或輸入使用該姓名之商品或服務者。三、對於第一項第一款或第二款所列之表徵，在未著名前，善意為相同或近似使用，或其表徵之使用係自該善意使用人連同其營業一併繼受而使用，或販賣、運送、輸出或輸入使用該表徵之商品或服務者。（第 4 項）事業因他事業為前項第二款或第三款之行為，致其商品或服務來源有混淆誤認之虞者，得請求他事業附加適當之區別標示。但對僅為運送商品者，不適用之。」

[138] 李素華，〈商品表徵保護與不公平競爭〉，《月旦法學教室》，第 225 期，2021 年 7 月，29 頁。

[139] 吳秀明、沈麗玉，〈競爭法制革新之整體規劃與藍圖〉，《月旦法學雜誌》，第 228 期，2014 年 5 月，164 頁。

## （二）公平交易法第 22 條要件

按公平交易法第 22 條條文解析，本條要件包含「著名表徵」、「同一或類似之商品或服務」、「相同或近似之使用」以及「與他人商品營業或服務混淆」，以下將分別就 4 項要件進行簡介。

### 1、著名表徵

公平交易法所謂表徵，與商標法規範類似，係指「某項具識別力或次要意義之特徵，其得以表彰商品、營業或服務來源，使相關事業或消費者用以區別不同之商品、營業或服務。」[140]，無論特別顯著之特徵或是因長期繼續使用該特徵而使相關事業或消費者認知並將之與特定來源產生聯想之文字、圖形、記號、商品容器、包裝、形狀、或其聯合式等，皆屬於本條所規範。[141]

公平交易法第 22 條第 1 項「著名」應如何解釋，觀諸公平交易委員會將其定義為「具有相當知名度，為相關事業或消費者多數所周知者。」[142]，然並未制訂相關判斷標準，且實務見解對於認定標準分歧，故相較於其他智慧財產權，較為難界定何者為本條所謂著名的保護範圍。[143]按自由市場競爭原則，

---

[140] 黃銘傑，〈地理標示保護之商標法與公平交易法的交錯〉，《月旦法學雜誌》，第 245 期，2015 年 10 月，110 頁。

[141] 公平交易委員會，《認識公平交易法（增訂第十九版）》，第 19 版，行政院公平交易委員會，2021 年 7 月，287 頁。

[142] 同前註，288 頁。

[143] 蔡瑞森、陶思好，〈智慧財產法院揭示公平交易法上商品外觀之「著名表

倘未達「著名」表徵之商品，自無理由禁止其生產並投入市場，又依現行法制度，是否達到「著名」程度全憑法院參照兩造所提出之事證而所得出自由心證，不同心證結果亦導致實務見解相當分歧，使業者無所適從。[144]

以知名「水滴巧克力案」為例，法院認為著名之判斷應以國內相關事業或消費者是否知悉，故認為原告提供系爭巧克力商品在美國巧克力市場的排名等事證不足以其在國內市場是否屬著名，且認原告未盡到國內消費者得透過國內通路接觸系爭商品的舉證責任，進而判斷其並不具備著名要件。[145]

反觀另一「百摺設計行李箱案」中，同樣屬外國商品，本件法院則從「行李箱之概念強度」、「行李箱之設計概念是否始終如一」、「廣告行銷與媒體報導」以及「品牌形象與營業狀況」，認為該「百摺設計」為著名表徵而使相關企業、消費者得普遍認知且與原告商品相連結。[146]然在近期另一件同一商品表徵之百摺設計行李箱案中[147]，最高法院卻對於著名表徵認定持不同見解，法院參酌原告 RI○WA 提出表徵市場調查之事證，該報告顯示消費者除有 50%不熟悉原告品牌外，更有高達

---

徵」判斷參酌因素〉，《理律法律雜誌》雙月刊，108 年 7 月號，2019 年 7 月，5 頁。

[144] 趙志祥，〈公平交易法之「商品表徵」研究〉，《公平交易季刊》，第 28 卷第 1 期，2020 年 1 月，92 頁。

[145] 智慧財產法院 105 年度民公訴字第 5 號民事判決。

[146] 智慧財產法院 107 年度民公上字第 2 號民事判決。

[147] 最高法院 110 年度台上字第 3161 號民事判決。

46.08%不會認為原告產品與被告產品間存在關聯性，故是否可認系爭產品表徵「百摺設計」即與原告產品有直接連結，尚屬可議，進而否定前審對於「百摺設計」屬「著名表徵」的認定。

2、同一或類似之商品或服務

此要件明示系爭商品或服務需與受侵害的著名表徵所提供之商品或服務一致或類似，是否類似之判斷原則參酌我國商標法上之分類，實際運用上亦參考一般社會通念是否認兩者類似為斷。[148]

3、相同或近似之使用

本條規定不得有相同或近似之使用行為，而所謂相同係指「文字、圖形、記號、商品容器、包裝、形狀、或其聯合式之外觀、排列、設色完全相同而言。」，而近似則係指主要部分使消費者或相關事業易有混同誤認之情形。[149]實務上判斷是否為相同或近似使用行為主要有 3 種方式，一為以具有普通知識經驗之相關事業或消費者角度觀察是否混同，二為就表徵整體或是主要部分觀察是否為近似，三為則採「異時異地隔離觀察原則」，將兩系爭表徵分別於不同時間及不同地點觀之是否有混淆，而非置於同時同地仔細比對。[150]

---

[148] 同註 141，289 頁。

[149] 財團法人台灣網路資訊中心，《台灣網域名稱爭議案例精選》（POD），初版，財團法人台灣網路資訊中心，2009 年 11 月，97 頁。

[150] 同註 141，289-290 頁。

### 4、與他人商品、營業或服務混淆

　　所謂混淆係指「對商品、營業或服務之來源有誤認誤信而言」[151]，判斷是否構成混淆，現行法係由法院按相關事業及消費者之消費習慣、生活水平等，綜合原被告雙方提出之事證依自由心證認定。[152]然究要混淆至何種程度始該當本條要件，有論者從文義解釋出發，認為本條並無「之虞」一詞，故認需有事實上具體混淆，亦即原告須已有具體損失或侵害情事，並由原告負損害舉證責任[153]，然有論者係採「判斷上可能性混淆」之擴張解釋，為避免原告舉證責任過於龐大而違背本條維持公平競爭之立法目的，解釋上應有引起混淆之具體危險即已足，不以是否已造成實際混淆為必要，[154]現行實務亦多採此見解。[155]

---

[151] 同前註，290 頁。

[152] 林季陽，〈論著名商標之混淆誤認之虞規範——從公平交易法與商標法規範交錯出發〉，《公平交易季刊》，第 28 卷第 2 期，2020 年 4 月，60 頁。

[153] 同註 144，128 頁。

[154] 陳怡珍，〈論公平交易法第二十條對商品或服務表徵之保護〉，《公平交易季刊》，第 12 卷第 4 期，2004 年 10 月，113 頁。

[155] 智慧財產及商業法院 110 年度民公上更㈠字第 5 號民事判決、最高法院 109 年度台上字第 2369 號民事判決、最高法院 109 年度台上字第 10 號民事判決等。

## 二、公平交易法第 25 條

### （一）公平交易法第 25 條意涵

　　觀諸公平交易法第 25 條[156]立法目的，蓋商業環境日新月異，競爭行為亦隨著時代演變而不斷出現新的態樣，為避免立法缺漏特立本條，以不確定法律概念規範，並保留行政機關裁量餘地依情形判斷。[157]又按「公平交易委員會對於公平交易法第 25 條案件之處理原則」第 4 點規定，公平交易法第 25 條性質上屬公平交易法上概括條款，且保護客體範圍需符合「補充原則」，亦即適用範圍僅包含公平交易法其他條文未規範之不法行為，若某一行為已可適用公平交易法其他條文，則不得落入本條保護範圍。[158]

### （二）公平交易法第 25 條要件

　　本條要件主要檢視該行為是否該當「足以影響交易秩序」或「欺罔或顯失公平」，然究應如何解釋兩要件，即為本條爭議所在，故以下將針對兩要件進行重點簡介。

#### 1、足以影響交易秩序

　　基於保護契約自由以及自由競爭之目的，為避免本條適用

---

[156] 公平交易法第 25 條：「除本法另有規定者外，事業亦不得為其他足以影響交易秩序之欺罔或顯失公平之行為。」

[157] 最高行政法院 89 年度判字第 761 號判決。

[158] 牛日正，〈公平交易法第 25 條對不公平競爭之補充適用及其類型化之發展〉，《中原財經法學》，第 47 期，2021 年 12 月，176 頁。

範圍無限擴張而影響市場秩序，特定本要件作為公平交易法是否應介入的判斷，僅限於滿足「於行為合致足以影響交易秩序且涉及公共利益」[159]時始適用本條規範，否則應回歸民事法或消費者保護法加以規範，藉此釐清與其他兩法的界線。[160]在判斷該行為是否足以影響交易秩序，按「公平交易委員會對於公平交易法第 25 條案件之處理原則」第 5 點規定，應排除個別且非常態性事件，考慮受害者之人數、損害程度以及行為本質是否影響市場秩序等，個案認定之。

### 2、欺罔或顯失公平

首先所謂欺罔，按「公平交易委員會對於公平交易法第 25 條案件之處理原則」第 6 點規定，係指「對於交易相對人，以欺瞞、誤導或隱匿重要交易資訊致引人錯誤之方式，從事交易之行為。」，不同於民法第 92 條第 1 項對詐欺之定義，本條立法目的係維護交易秩序，故是否主觀上是否有故意以及相對人相信該資訊而為交易，在所不問。[161]舉例而言，預售屋若因公共建設或其他原因而存在被政府徵收之風險，相關事業應坦白揭露該重要風險的資訊，以維護買方權益。然有建設公司建案完工前已得知該建案地位來會有高鐵路線通過，並事先簽

---

[159] 同註 141，309 頁。

[160] 吳秀明，〈從行政法院判決看適用公平交易法第 25 條之共通原則與問題〉，《公平交易季刊》，第 29 卷第 3 期，2021 年 7 月，86 頁。

[161] 蔡宗霖，〈專利權之行使於公平交易法第 25 條之規範──評智慧財產法院 108 年度民公上字第 4 號判決〉，《專利師》，第 43 期，2020 年 10 月，44 頁。

署願無條件徵收，卻於銷售時未告知消費者，法院認為此舉該當公平交易法重大欺罔行為。[162]惟有認為本件法院並未指摘公平交易法介入私法契約之理由，就擅自認定違反告知義務屬公平交易法上之欺罔，似有逾越權限之虞，亦無法區分民事法、消費者保護法以及公平交易法界線。[163]

其次顯失公平之定義與內涵，按「公平交易委員會對於公平交易法第 25 條案件之處理原則」第 7 點規定，係指「以顯然有失公平之方法從事競爭或營業交易者。」，並同時將實務出現的具體實例進行列舉，認為顯失公平之競爭行為包含「以損害競爭對手為目的之阻礙競爭，」、「榨取他人努力成果」、「利用資訊不對稱之行為」等。然有論者認為本原則利用「顯失公平」來解釋「顯失公平」，無法具體解釋此抽象法律要件外，亦無助於建立顯失公平之內涵與判斷標準，而全流於法官自由心證判斷之。[164]

---

[162] 最高行政法院 85 年度判字第 1404 號判決。

[163] 吳秀明，〈公平交易法國內重要案例之評析 —— 以欺罔或顯失公平行為為例〉，公平交易委員會委託研究計畫報告，2020 年 11 月，132 頁。

[164] 王傑，〈加盟關係之公平交易法課題 —— 以臺北高等行政院四則判決為中心〉，《軍法專刊》，第 65 卷第 1 期，2019 年 2 月，128 頁。

## 三、與室內設計相關之實務判決研析

### （一）SUBWAY 訴 SUBBER

#### 1、案件事實

原告為世界知名之「SUB○○Y」三明治速食店加盟連鎖餐廳，在台灣現亦有多家加盟店，其認為被告於台灣開設之「SU○○ER」同樣販售潛艇堡三明治，且餐廳之內外部裝潢、設計及相關設備擺設皆極度近似「SUB○○Y」加盟店外觀，認被告明顯抄襲原告加盟店裝潢設計、外觀等服務表徵，造成與原告營業或服務產生混淆，認被告行為構成公平交易法第 20 條第 1 項第 2 款規定（現行法第 22 條）仿冒行為或公平交易法第 24 條（現行法第 25 條）其他欺罔或顯失公平行為，遂提起侵權訴訟。[165]

#### 2、歷審關於室內設計與公平交易法適用見解

#### （1）被告行為是否成立公平交易法第 20 條第 1 項第 2 款規定（現行法第 22 條）仿冒行為

第一審台北地方法院從兩個方向指摘被告行為並無構成公平交易法上之仿冒行為，首先於兩店鋪招牌觀之，原告所有之「SUB」及「SUBWAY」字樣及圖樣之商標與被告之商標於外觀及讀法上皆有區別，且被告亦未特別強調或突出「SUB」字樣，應不至於使具有普通知識之消費者難以分辨兩家為同一

---

[165] 台灣台北地方法院 96 年度重訴字第 90 號民事判決。

企業主體。[166]再來於商店室內裝潢的部分，第一審法院先從原告提出內裝所使用之綠色及黃色組合進行審酌，這兩顏色都係常見的顏色，原告亦未對該顏色組合註冊顏色組合商標，無法證明以該顏色組合之裝潢得直接作為連結該企業之服務表徵；其次兩者使用與其相同近似之餐具餐盤以及磚塊圖案餐廳牆壁及點餐看板，法院認為原告提出近似的器具以及外觀等，都係出於營業常用且具功能性考量，非用以表彰服務或來源功能，性質非屬表徵。[167]最後有關原告提出之市場調查報告，報告上對比資料皆將原告與被告商店外觀招牌上之商標除去，法院認為此舉會影響受調查者區辨能力，故不能依該調查結果作有利於上訴人之認定。[168]第二審法院維持第一審法院之見解，認定理由於第一審法院近乎一致，同樣認為被告不構成不公平競爭之仿冒行為。[169]最後上訴到最高法院，由於上訴理由書未明確指摘前審判決所違背之法令及其具體內容，認其上訴不合法裁定駁回。[170]

---

[166] 同前註。

[167] 同前註

[168] 李悅慈，《論商店設計之智慧財產權保護》，國立台灣大學科際整合法律學研究所碩士論文，2016 年，113 頁。

[169] 智慧財產法院 98 年度民公上字第 1 號民事判決。

[170] 最高法院 100 年度台上字第 124 號民事裁定。

### （2）被告行為是否成立公平交易法第 24 條（現行法第 25 條）足以影響交易秩序之其他欺罔或顯失公平行為

第一審法院[171]及第二審法院[172]認定見解一致，皆認為被告行為不構成其他欺罔或顯失公平行為，法院首先解釋公平交易法第 24 條（現行法第 25 條）適用範圍上應從嚴認定，避免不當限制市場自由競爭。就本件而言，被告商店之商標、招牌及部分裝潢與原告之加盟店均有不同，且該差異為具普通知識之消費者施以一般注意即可分辨，故不能依此等認定被告主觀上有攀附上原告商譽的故意或高度抄襲之情形。

### （二）酒店客房設計案

1、案件事實

如前述本章第三節第二項第一款案件事實。

2、歷審關於室內設計與公平交易法適用見解

本件原告主張被告抄襲其套房行為亦構成公平交易法第 25 條其他欺罔或顯失公平行為，對此第一審法院認為飯店套房設計為現今飯店行銷及消費者選擇酒店之重要元素，故為飯店經營業者花費最重要之成本打造具特色且舒適之酒店，被告抄襲套房之行為不但節省大筆設計開銷及時間，該不勞而獲抄襲行為也足以影響整體觀光飯店業的交易秩序，且我國地狹人稠又觀光興盛，同一觀光飯店集團亦習於不同地區開設旅館，

---

[171] 台灣台北地方法院 96 年度重訴字第 90 號民事判決。
[172] 智慧財產法院 98 年度民公上字第 1 號民事判決。

故不採納被告抗辯位處不同區域而無競爭關係的說法，認兩飯店仍具備高度競爭關係，故認被告構成違反公平交易法第 25條之「足以影響交易秩序之欺罔或顯失公平之行為」。[173]第二審法院維持前審的見解，並更為仔細說明得心證理由，除了肯定兩飯店具高度競爭關係及抄襲手段足以影響交易秩序外，更指出兩者房型設計高度相似從一般消費者角度難以區辨，致相關事業及消費者有可能誤認兩飯店為關係企業或有加盟、授權關係。[174]

惟最高法院認為於前審未審酌被告提出之「蓋洛普徵信股份有限公司之旅館客房設計獨特性調查報告、籌設申請說明書、營運計畫書、交通部觀光局數據、簡報資料、業界書籍」等，逕以地狹人稠為由認定兩飯店具高度競爭關係，以判決不備理由發回智慧財產及商業法院。[175]

近期更一審法院仍然維持第二審法院見解，首先強調客房設計對飯店經營重要性，再來判斷該抄襲行為是否足以影響交易秩序，法院認被告抄襲行為有影響相關消費者之交易決定之虞，致產生「替代效應」及「影響將來潛在消費者」，應該當「足以影響交易秩序」之要件；最後是否有顯失公平之行為，法院認為抄襲行為對於投入大量時間及成本經營及設計之其他

---

[173] 智慧財產法院 104 年度民著訴字第 32 號民事判決。

[174] 智慧財產法院 107 年度民著上字第 16 號民事判決。

[175] 最高法院 109 年度台上字第 2725 號民事判決。

觀光業者不甚公平外，將其定性為「榨取他人努力成果之不公平競爭行為」，而有顯失公平之情形，同時審酌被告提出之事證，認為調查報告調查不盡全面且無法支持被告主張兩飯店營運狀況並無互相影響之事實。[176]

## 第五節　以現行法保護室內設計智慧財產權不足之處

### 一、著作權法

2020 年我國開放設計專利制度以前，涉及室內設計之案件實務多以著作權法與公平交易法處理。首先觀諸上述著作權法對室內設計之著作定性，目前經濟部函釋、學說以及實務呈現三者分歧的情形，更進一步將「室內設計」細分為「室內設計圖」、「室內設計」、「室內設計外觀圖」等，將原本已相當棘手定性的問題複雜化，同時實務見解亦出現相當罕見的情形，查「智慧財產法院 108 年度民著訴字第 124 號民事判決」與「智慧財產法院 109 年度民著訴字第 40 號民事」兩判決為同一承審法官，然兩判決對於室內設計之著作定性卻截然不同[177]，此舉可看出實務對於此見解問題亦無明確見解，甚至會隨

---

[176] 智慧財產及商業法院 110 年度民著上更（一）字第 1 號民事判決。

[177] 智慧財產法院 108 年度民著訴字第 124 號民事判決將室內設計圖定性為圖形著作，而智慧財產法院 109 年度民著訴字第 40 號民事卻將室內設計圖定性

個案認定而有所不同，更難以釐清保護客體範圍也使權利人難以適從。此外從「宿舍設計案」中也體現室內設計師實務常出現的爭端，倘一業主針對某一空間設計進行招標，而有 A 設計公司和 B 設計公司投標，業主較喜歡 A 設計公司提供之設計圖及風格，最後卻選擇較便宜的 B 設計公司並將 A 設計公司的設計圖供 B 設計公司施作，前述學說及實務見解眾說紛紜，以致於 A 設計公司若欲以著作權法加以維權，不僅訴訟曠日廢時，著作定性上亦充滿高度不確定性，並無法解決上述案例爭端。

## 二、立體商標

我國立體商標雖將「服務場所之裝潢設計」納入註冊客體，然卻未說明具體內涵以致於難以確定其註冊範圍外，註冊立體商標亦須同時滿足「識別性」以及「非功能性」兩要件，亦即要使消費者或使用者得直接連結該服務來源以及非未滿足使用功能之要件始得註冊。惟並非每個室內設計皆可滿足「識別性」要件，以前述「宿舍設計案」為例，若非該公司之員工，一般人根本無從得知該設計樣貌與該公司之關係，以致無法滿足直接連結服務來源之要件而不得註冊。再來若非大型連鎖商店或品牌，自家經營的商店內部裝潢亦較難滿足「識別

---

為建築著作。

性」要件，非常客之一般消費者同樣可能因不熟悉該店服務而
較難直接與店家服務連結，因此許多店家捨棄立體商標申請，
轉而選擇註冊平面商標以維權。查實務上核准的案例數近乎於
零，代表當初欲以商標法來加強裝潢設計的保護效果未如想像
般可行且完善。[178]

## 三、公平交易法

查公平交易法第 22 條為維護市場競爭自由，首先本條將
保護範圍限縮於「著名表徵」，具一定知名度表徵可適用，惟
本章介紹的實務判決在「著名」要件上各法院見解不一，甚至
出現同一系爭商品有不同認定外，如此操作下本條保護客體範
圍僅能涵蓋連鎖品牌或具高知名度之室內設計等，而排除具隱
密性之私人空間或非知名的商店設計，造成室內設計保護範圍
受到市場知名度影響而未全面。此外有論者指出按我國實務見
解態度，要構成「混淆」要件，必須兩家商店的招牌、店內裝
潢、商品設計甚至服務人員制服高度相似或相同，實務上能符
合此標準的案件近乎沒有，轉而落入公平交易法第 25 條範
疇。[179]惟當前公平交易法第 25 條按現行實務操作係由法院斟
酌相關事證依其心證判斷之，難免有淪於法院肆意判斷或是如

---

[178] 同註 84，172 頁。

[179] 陳亮之，〈從實務案例看主管機關及法院對於商店設計抄襲爭議之判斷重
點〉，《台一顧問通訊》，第 190 期，2017 年 2 月，5 頁。

「酒店客房設計案」未斟酌事證逕行認定之疑慮。此外在認定系爭行為究構成「欺罔」或「顯失公平」，有認定標準不一或是未清楚理解兩者本質差異二混同的情形，顯得相對混亂。[180]

## 四、本文主張以設計專利補足保護規範

綜上所述，查我國現行法關於室內設計之保護情形，似存在保護客體範圍不完全或是認定混亂的情形，以致並非所有室內設計皆得受到「著作權法」、「商標法」或「公平交易法」的保護，亦無法有效解決室內設計實務界遇到的爭端，顯見目前法規範對室內設計保護仍相當不足，存有立法上缺漏。有鑑於此，我國採與日本意匠法相同的修法方向，於 2020 年進一步開放「設計專利」以期能與國際趨勢接軌，提供更快速且完善的智慧財產權保護，並試圖解決著作定性和公平交易法認定不一，以及受限於識別性而難以取得商標權的問題。

設計專利確可補足現行保護範圍不全面以及保護不完善的問題，惟權利人是否僅能透過設計專利來對室內設計進行維權，本文認為考量各智慧財產權法的保護客體及立法目的皆不相同，應使權利人得考量該設計的使用性質及目的，在符合保護要件的前提下選擇對其最有利之維權方式，而非僅能透過設計專利來保護室內設計智慧財產權。

---

[180] 同註 160，104 頁。

# 第四章 日本法研析

從第三章發現我國在室內設計智慧財產權保護確有保護不完善而有開放設計專利補充的必要性，接下來應如何建置室內設計設計專利的相關要件及審查標準，故本章以日本法為比較對象，主要以「日本意匠法」、「意匠審查基準」以及「實際申請專利」為討論中心，研析修法背景、修法內容以及透過實際專利申請情形來探討當前日本企業對室內設計的專利佈局及動向，作為我國未來修法的參考及借鏡對象。

## 第一節 日本意匠法

### 一、日本意匠法修法背景

在修改前的日本意匠法，所謂的設計專利被定義於意匠法第 2 條第 1 項，即「物品的形狀、圖案或顏色，或三者的組合，通過視覺使人產生美感。」[181]由於規定申請客體為物品，解釋上「物品」係指有形動產，不包括不動產，且依意匠法第

---

[181] 畠豊彦，〈意匠の類似は美感の共通性か〉，《パテント》，第 56 期第 7 卷，2003 年 7 月，23 頁。

3 條第 1 項 c 款，欲申請設計專利的物品必須是性質上 「可供工業使用」，因此除得於工業上大量生產的組裝式建築物或組合式店舖外，原則上不允許對建築物等不動產進行設計專利的申請。[182]次按意匠法第 7 條規定，必須按照經濟產業省令規定的商品分類，對每項設計申請設計專利註冊，即所謂「一意匠一出願の原則」的體現，目的在於明確所申請的設計專利的權利內容，欲透過一物一申請的規範，來確保審查對象、權利對象的明確化以及權利穩定性。[183]最後，作為「一意匠一出願の原則」的例外，當多個物品可被當作一個組合使用，在整體具有統一性時，依照意匠法第 8 條，可以在一個申請中接受多個物品，亦即「組物設計」的申請[184]，但凡關於由家具、家飾等的組合以及搭配、建築物的一部分（如牆壁、天花板、地板等）的裝潢所構成的室內設計，由於不滿足一設計一申請原則無法申請一般物品專利外，亦不屬於由多個物品構成的組合物，因此不屬於過去日本設計專利所保護的對象。[185]

　　然隨著全球企業模式及消費習慣的改變，不僅僅是銷售商

---

[182] 草地邦晴，〈店舗の外観、内装の知的財産としての保護-意匠法の改正と商標審査基準の改訂〉，《Oike Library》，第 52 期，2020 年 10 月，30 頁。

[183] 青木大也，〈一意匠一出願の原則と組物の意匠に係る一考察〉，《特許研究》，第 72 期，2021 年 9 月，40 頁。

[184] 類似我國設計專利中的「成組設計」。

[185] 産業構造審議会、知的財産分科会、意匠制度小委員会，産業競争力の強化に資する意匠制度の見直しについて，2019 年 2 月，https://www.jpo.go.jp/resources/shingikai/sangyo-kouzou/shousai/isho_shoi/document/isyou_seido_190215_minaoshi/01.pdf

品的設計，從重視服務體驗的設計觀點出發，透過店鋪設計進一步創造品牌價值，同時提高產品、服務等的附加價值和競爭力，都逐漸為日本企業所重視，近年來也出現銷售辦公家具及相關設備的公司已經開始使用公司產品來進行辦公室設計，並提供給客戶。[186]隨著店鋪設計及室內設計保護問題逐漸浮上檯面，在過去有關室內設計及建築設計得選擇通過著作權法來保護，惟該法所保護的建築物主要是建築藝術，除了著作權法外，倘係具大眾性和知名度的品牌，亦可透過公平交易法保護以防免侵權及仿冒。[187]然而隨著商業習慣演進以及智慧財產權的成熟，越來越多業者於創業初期，品牌尚未具備知名度時，即有意願將用於品牌識別的室內設計事先進行法律上權利保護，不僅有利於加強品牌識別，同時也能預先防範未來品牌仿冒及侵權的問題。[188]

　　儘管近年來不斷強調設計對於商業行為上重要性，惟相較於其他專利及商標申請數量，甚至與美國、韓國設計專利申請數相比，日本設計專利的申請數量都位處下位。[189]有鑑於上述需求及問題解決，日本經濟產業省特許廳於 2017 年 7 月至 2018 年 5 月間舉辦多次「產業競争力とデザインを考える研究

---

[186] 同前註。

[187] 同前註。

[188] 同前註。

[189] 藤本，〈意匠法令和元年改正の文脈〉，《パテント 2021》，第 74 期第 8 卷，2021 年 8 月，97 頁。

会」（產業競爭力與設計研究會），比較過去日本意匠制度及國際間設計專利相關制度[190]，同時於 2018 年 5 月發布「デザイン経営宣言」（設計經營宣言），提出設計對現代企業有建立品牌、設計創新以及提升產品或服務的功能，以及消費者體驗受到重視，與顧客接觸的 UI（使用者頁面）和 UX（用戶體驗）相關設計重要性亦隨之提升，顯見設計對企業經營影響甚鉅，遂以提升國內產業競爭力為目標，針對日本設計專利保護對象以及申請制度簡化進行積極討論並促成後續的修法。[191]惟此研究會為非公開舉行，僅公開會議中參考資料與研究結果報告，與過去日本特許法修法會議過程原則公開有很大的差異，也使得此次修法的公平性與透明性受到質疑。[192]

　　日本特許廳在 2019 年修正通過意匠法，復於 2020 年 4 月公布新版本的意匠專利審查基準，內容擴大了日本設計專利保護範圍，正式將室內設計納入日本意匠法保護範疇。[193]

---

[190] 周晨蕙，〈日本內閣閣議通過專利法和意匠法修正案〉，《科技法律透析》，第 31 卷第 7 期，2019 年 7 月，6 頁。

[191] 西村雅子，〈意匠法による空間デザインの保護に関する一考察〉，《日本知財学会誌》，第 17 期第 2 卷，2020 年 11 月，15 頁。

[192] 同註 189，99 頁。

[193] 林軒吉，〈日本意匠審查基準修訂簡介（上）〉，《台一專利商標雜誌》，第 233 期，2020 年 9 月，4 頁。

## 二、日本意匠法修正內容

### （一）意涵

　　室內設計係由多種不同的元素組合和排列組成，其設計精髓在於就家具或擺飾間的組合和排列，以及壁板的裝潢來營造一致美感，於新意匠法被定位為一物一設計申請原則的例外。[194]其意涵規範於新增訂的第 8 條之 2[195]，構成店鋪、事務所或其他設施之內部設備及裝飾的物品、建築物或圖像者，且作為室內設計整體可引起統一美感時，得以一個設計提出申請。[196]

### （二）形式要件

#### 1、店鋪、事務所及其他設施內部

　　除第 8 條之 2 中例示的店鋪、事務所及其他設施的設計外，日本意匠法採寬鬆解釋，認只要該當「使人在其內部度過一定時間的所有空間」的空間，舉凡醫療場所、教室、工廠等空間設計，再到車輛、客機等動產的內部裝修，皆在本條保護

[194] 久保田大輔，〈令和元年改正意匠法一イノベーション創出やブランド構築の促進を目指して〉，《Japio YEAR BOOK 2020》，2021 年 1 月，107頁。

[195] 日本意匠法第八条の二：「店舗、事務所その他の施設の内部の設備及び装飾（以下「内装」という。）を構成する物品、建築物又は画像に係る意匠は、内装全体として統一的な美感を起こさせるときは、一意匠として出願をし、意匠登録を受けることができる。」

[196] 吳凱智，〈日本意匠法令和元年修正之簡介及其與我國設計相關規定之比較〉，《萬國法律》，第 235 期，2021 年 2 月，37頁。

範圍內。[197]此外，室內設計的保護範圍不僅限於一設施內部的空間，尚包含與內部空間相連的外部空間，例如商店正面的店門設計和外部玻璃展示間，以及刻意模糊內部和外部分界的空間設計等，原則上審查員採寬鬆審查標準，不需要嚴格審查設施的整個內部空間是否完全封閉，倘設施的內部與設施的出口相連或與設施的外部相連，則保護範圍可延伸到附屬於設施內部的外部空間。[198]例如與室內空間相連之室外陽台，即可登記為該室內設計的保護範圍。[199]

此外，意匠法第 2 條第 1 項明文規範設計專利所保護的客體應是透過視覺能感受到美感的物品，[200]根據空間設施的用途和功能，倘在正常使用狀態下無法以肉眼直接感受到的地方，應不被認為屬於設施的內部而受到保護，例如天花板下、地板下、牆壁內的夾層，或僅用於設施維護的地下通道，惟如刻意

---

[197] 兼子直久、垣木晴彥、內藤拓郎、石井隆明，〈実務ですぐに使える——建築物・内装の意匠の 3 つのポイント〉，《パテント》，第 73 期第 11 卷，2020 年 10 月，28 頁。

[198] 日本特許廳，〈意匠審查基準第 IV 部第 4 章〉，《内装の意匠》，10 頁。

[199] 相關圖式詳見日本意匠登錄第 1671961 號。

[200] 日本意匠法第二条 I：「この法律で「意匠」とは、物品（物品の部分を含む。以下同じ。）の形状、模様若しくは色彩若しくはこれらの結合（以下「形状等」という。）、建築物（建築物の部分を含む。以下同じ。）の形状等又は画像（機器の操作の用に供されるもの又は機器がその機能を発揮した結果として表示されるものに限り、画像の部分を含む。次条第二項、第三十七条第二項、第三十八条第七号及び第八号、第四十四条の三第二項第六号並びに第五十五条第二項第六号を除き、以下同じ。）であつて、視覚を通じて美感を起こさせるものをいう。」

設計沒有天花板而管線外露的空間設計[201]，由於空間的使用者可以通過肉眼直接看到，應認包括該部分在內，屬於設施內部而得以保護。[202]

### 2、由複數之意匠法所訂物品、建築物或圖像設計構成

室內設計必須由複數意匠法上所訂的物品、建築物或圖像設計所構成，始能該當意匠法第 8 條之 2 申請客體。[203]詳下表 5，舉凡家具、陳列架、展示或銷售的商品、落地燈具、顯示器中的圖像、照明設備打開時出現的圖案或顏色等，皆得以作為室內設計的組成部分，[204]反之非屬於意匠法所保護客體，例如人類、動物、植物、煙、水等無定形物體或是視覺以外之香氣及聲音，原則不得作為室內設計的組成部分。[205]倘該設計包含不屬於意匠法上所訂客體，審查官於審查時會視該申請書或圖式得否清楚分辨該非屬意匠法保護的客體是否屬於室內設計的構成，若能清楚分辨則仍可認為是適格的申請，且無庸要求申請人刪除非保護的客體，反之若無法分辨，則會依意匠法第 8 條之 2 違反客體適格性而發出拒絕查定通知書。[206]

---

[201] 參考圖式：https://www.100.com.tw/article/2191

[202] 同註 198，11 頁。

[203] 同前註。

[204] 同前註。

[205] 同註 197。

[206] 同註 13，80 頁。

**表 5　室內設計之構成示例[207]**

| 得作為室內設計之構成 | ● 家具，如書桌、椅子、床<br>● 陳列架、擺設架<br>● 展示或銷售的商品<br>● 落地燈具、燈飾<br>● 空間內部顯示器中的圖像<br>● 經投影設備投射到建築物牆上的圖像<br>● 非屬意匠法保護的客體但固定於建築物或土地上而無法任意移動者，屬建築物設計的一部 |
|---|---|
| 不得作為室內設計之構成 | ● 人、動物（如狗、貓、魚）<br>● 植物（不包含意匠法所訂之人造花）<br>● 蒸汽、煙霧、灰塵、火焰、水等無定形物體（但裝入具有形狀保留的容器中，因得定形而除外）<br>● 視覺以外之感受，如氣味和聲音<br>● 自然地形 |

　　其次由意匠法第 8 條之 2 文義解釋觀之，對於複數物品等構成的室內設計，在具備整體的統一美感時得作為一個設計進行申請，理由在於申請者得選擇將使用者能夠視覺直接感受的物品內部或建築物內部分別登記為物品或建築物的部分設計，為避免與室內設計混淆及權利範圍模糊，倘所申請的室內設計並非由兩個以上物品構成，應判斷不該當本條規定室內設計的

---

[207] 資料來源：渡邊知子，令和元年改正意匠法について ―イノベーションの推進とブランド構築のためのデザイン活用の促進を目指して―，《特許研究》，第 69 期，2020 年 3 月，11 頁。（陳彥珈翻譯）

客體，轉而考量申請其他設計專利。[208]舉例而言，單純汽車展示間其性質屬於單體建築，且無法識別是否由多個物品組成的，應認不該當室內設計的申請客體，卻得申請為建築設計的部分設計。[209]

### 3、室內設計整體必須具有統一的美感

修訂後的意匠法第 8 條之 2，能夠該當室內設計的申請客體，原則上整體必須具有統一的美感，蓋室內設計為「一意匠一出願の原則」的例外，由多種物品所構成，不同於保護單一物品的設計美感，其主要保護各物品間排列組合所營造出的美感，為滿足此要件，所申請的室內設計必須在視覺上具有連貫性，即整體上具有一致美感。[210]如果可以判斷該室內設計在整體上有營造出連貫的視覺美感，則不必細究是否所有部件都有表現統一的美感。[211]

至於如何判斷該設計是否具滿足統一美感的要件，日本學說上主要分為 3 種學說，一學說從實務操作出發，認為考慮到實際設計及應用上困難，對於此要件審查上應採寬鬆審查標準。[212]另一種觀點認為是否應受到專利保護應留給新穎性及創

---

[208] 日本特許廳，《「內裝の意匠」に係る意匠審查基準の改訂について（案）》，2019 年 10 月，4 頁。

[209] 同前註。

[210] 同前註。

[211] 同註 198，13 頁。

[212] 青木大也，〈空間デザインの保護：建築物の意匠と內裝の意匠に関する若干の檢討〉，《日本工業所有權法学会年報》，第 43 期，2020 年 5 月，89-

造性所審視,因此宜採寬鬆審查標準。[213]反之有觀點認為,應從降低侵權風險的角度出發,而採嚴格審查標準,要求申請人須具體說明如何構成整體美感。[214] 依目前條文規範,統一美學的審查程度在審查標準中並無明確說明,但日本特許廳已表示未來會以寬鬆標準來進行審查,若考慮是否申請室內設計時不確定是否滿足此要求,有學者建議申請者未來可積極提出以爭取獲取專利的機會,同時也提供豐富案例使審查員透過案例來累積具體實務操作標準。[215]雖日本特許廳已表示會採寬鬆審查標準,不過為了使標準更為透明且具體,詳下表 6,審查標準中亦就具備統一美感的設計以及不具備統一美感的設計提供具體示例,並提供相關圖式供申請人參考[216]。

### 表 6　統一美感示例[217]

| 具備統一美感 | 不具備統一美感 |
| --- | --- |
| 構成物等具有共通的外觀。 | 室內設計整體雜亂無章,給人一種複雜的感覺,但幾乎沒有美感。 |
| 構成物等整體具有統一形狀或 | 然是根據統一的創作思想創作的, |

---

90 頁。

[213] 同前註。

[214] 同前註。

[215] 同註 197。

[216] 參考圖式詳見:同註 198,15-18 頁。

[217] 資料來源:同註 13,81 頁;同註 198,5 頁。

| 具備統一美感 | 不具備統一美感 |
|---|---|
| 花紋。 | 但沒有視覺上表現出統一感。 |
| 構成物具有觀念上的共同性。 | |
| 構成物的配置以統一的秩序排列。 | |
| 設計整體係基於統一的創作思想創作而成，整體設計在視覺上給人一致的美感。 | |

4、須符合單一設計

依照日本意匠法第 7 條，除法有規定外，設計專利需個別提出以符合一物品一設計的原則。[218]縱然於修訂後於日本意匠法第 8 條之 2 將室內設計列為一物品一設計原則的例外，惟室內設計整體仍須符合單一設計始該當日本意匠法第 8 條之 2 的客體，為了被認為是單一設計，需要其在物理上為一連續的空間，而不被牆壁等分割，但是即使空間在物理上被牆壁隔開，倘隔開的牆壁是採用透明玻璃的設計，在視覺效果仍然呈現一個連續空間情況下，則得被例外承認為單一設計而該當室內設計的申請客體。[219]例如，近年許多日本企業為加強不同部門間的交流討論與提供員工轉換氛圍，流行於辦公室內設計所謂「らみたマグネットスペース（磁鐵空間）」，透過於辦公室

---

[218] 日本意匠法第七条：「意匠登録出願は、経済産業省令で定めるところにより、意匠ごとにしなければならない。」

[219] 同註 197，29 頁。

內加入咖啡廳或廚房的規劃，來提升整體工作效能與企業形象[220]。這種將同一空間內規劃為設有商務洽談的工作室與咖啡廳的辦公室內部設計，辦公室內部整體得被視為一單一設計。[221] 惟倘如「飯店大廳的內部設計」以及「飯店客房的內部設計」，由於兩者係分開且各自獨立的空間，無法作為單一設計而申請「整體飯店的內部設計」，但兩空間仍得分別申請內裝意匠。[222]

依照室內設計本身的特性，蓋其係由多種物品及擺飾或圖片所呈現的設計，因此可以想像室內的任何物品、擺飾或圖像的形狀等有因應不同功能或用途而發生變化的可能，例如沙發床的設計。[223]因此審查上例外可將形狀、圖案或顏色因一次用途和功能而發生變化的室內設計視為一個室內設計，該保護範圍包括改變前後的形狀，惟為符合單一設計原則，該變化僅限於根據一種用途和功能而需要變化的範圍內，且變化前後需明確記載於申請書。[224]例如有不使用時可以立在牆面上的可動式床的出租辦公室用休息室的室內設計，專利保護範圍包含使用

---

[220] 佐藤泰、佐野友紀，オフィス内カフェコーナーの利用実態からみたマグネットスペースにおける遭遇・会話発生量の考察，日本建築学会計画系論文集，第 81 卷第 720 號，2016 年 2 月，281 頁。

[221] 同前註。

[222] 同前註。

[223] 同註 208，8 頁。

[224] 同註 198，3 頁。

及不使用床時的設計。[225]

　　若為內含可以移動式的桌椅的設計，如辦公室及教室，可能因應不同人數或場合而有桌椅上排列的變化，惟依照第 8 條之 2 室內設計的保護範圍包含物品間的排列所呈現的美感，因此如果申請時提交對每個組成物品間不同的排列方式的變化，則各不同變化應被視為單一設計，無法將全部不同排列組合都以同一設計進行申請。[226]

## （三）意匠登錄

### 1、意匠登錄書記載

　　室內設計之專利申請書寫，首先注意須於【意匠に係る物品】[227]欄中明確記載「○○的室內設計」或「○○用的室內設計」，　理由在於申請室內設計的種類甚多，即使是同一棟建築物裡仍存在各種不同的空間，為明確專利範圍，有必要清楚描述該具體空間名稱，並明確室內設計的目的，舉例而言，對於由多個不同用途的室內空間所構成的飯店，不能於名稱欄僅描述「飯店的室內設計」，此過於廣泛且無指定該空間具體的用途，為特定內部空間本身的具體用途，須於名稱欄描述「飯店大廳的室內設計」、「飯店客房的室內設計」等，始為

---

[225] 同前註。

[226] 同註 198，4 頁。

[227] 類似我國設計專利書中的「設計名稱」。

適法之申請。[228]

　　其次，若是一空間內同時有多種用途或目的的設計，如前文提及於在辦公室空間同時設有咖啡廳的設計，則允許於【意匠に係る物品】欄中記載此設計的主要用途，復於【意匠に係る物品の説明】[229]敘明其他用途，例如於【意匠に係る物品】欄記載辦公室的室內設計，次於【意匠に係る物品の説明】中說明辦公室內設有咖啡廳，用於員工休息和會議。[230]

　　2、圖式揭露

　　考量到室內設計特性，其設計在於內部的呈現，不同於一般的物品設計重點放在外觀設計，因此在圖式揭露上，也需注意不同於物品設計的特殊規範。首先，圖式中至少需揭露地板、牆壁或天花板其中之一者，以符合室內設計的「內部該當性」[231]，理由並非所有室內設計都會有天花板、所有牆壁和地板的設計，無牆壁或天花板也可成為一個設計特徵，在其他國家已註冊的案例中亦有只描繪地板的室內設計專利前例，但為滿足室內設計本身要件的要求，仍規範揭露最小限度要求，必須至少揭露地板、牆壁或天花板其中之一者，以滿足適格性。[232]

---

[228] 池谷和浩，《日経ホームビルダー，建築意匠権対策マニュアル》，初版，2021年12月，131頁。

[229] 類似我國設計專利書中的「設計說明」。

[230] 同註208，9頁。

[231] 同註13，72頁。

[232] 同註208，9-10頁。

　　其次由於室內設計的內部特性，不同於一般物品設計圖式揭露係從外部視角揭露，而室內設計需表現出人所的內部空間，故原則上是以人位於室內的角度出發，從內向外揭露內部設計圖式，例外倘店鋪設計除了內部設計，尚包含店鋪的店面設計或外部玻璃展示間，則除了需揭露從內向外的內部設計圖式外，需另附上從外部視角揭露的店面或展示間的圖式。[233]

　　最後，揭露圖式的形式並無特別的限制，除了平面圖或多個透視圖組合外，也可使用從各個方向拍攝的多張照片進行揭露。[234]如透過平面圖及多個不同角度透視圖，並輔以照片作為該住宅室內設計的圖式揭露[235]。

### （四）實體審查

#### 1、實體審查要件

　　日本意匠法針對實體審查要件，主要包含「工業上可利用性」，規範於日本意匠法第 3 條第 1 項，該申請客體須可於工業上實際使用；其次為「新規性」，同規範於日本意匠法第 3 條第 1 項，與已知國內外的意匠相同或相類似無法准予專利申請；最後為「創作非容易性」，規範於日本意匠法第 3 條第 2 項，需非為相關領域之人得輕易創作之意匠。[236]以下分別針對

---

[233] 同註 198，11-12 頁。

[234] 同前註。

[235] 相關圖式詳見：日本意匠登錄第 1681118 號。

[236] 林素華、林志青、蘇建太、王蕙瑜、楊文嘉，〈各國專利申請制度介紹（下）〉，《專利師》，第 3 期，2010 年 10 月，125 頁。

其意涵及於室內設計申請應如何審查適用進行說明。

2、工業可利用性

根據日本意匠法第 3 條第 1 項規定，若申請客體不該當工業上可利用的外觀設計，則無法接受該設計的申請。[237]為符合工業上可利用性的申請，需符合「意匠法上所訂的物品、建築物或圖像設計所構成」、「設計具體」以及「可供工業上使用」三項要件，未滿足任一要件者，即認不屬於日本意匠法第 3 條第 1 項中規定的「工業上可利用的設計」，不能進行設計專利的登記。[238]「意匠法上所訂的物品、建築物或圖像設計所構成」已於前述形式要件審查說明，以下將針對「設計具體」以及「可供工業上使用」兩要件進行說明。

所謂「設計具體」[239]，係從相關技術領域擁有通常知識者的角度出發，首先為了申請室內設計的相關專利，依照室內設計的通常知識，得以從申請書的描述及所附圖式直接得出此申請客體為室內設計。[240]其次，該室內設計須被認定為具體設計，同樣以室內設計領域擁有通常知識者的角度觀之，得以從申請書的描述及圖式直接得出具體的設計內容，包含「室內設

---

[237] 日本意匠法第三条I前段：「工業上利用することができる意匠の創作をした者は、次に掲げる意匠を除き、その意匠について意匠登録を受けることができる。」

[238] 日本特許廳，意匠審查基準第III部第 1 章，工業上利用することができる意匠，1 頁。

[239] 日文名稱：意匠が具体的なものであること。

[240] 同註 198，19 頁。

計的用途和功能」、「對室內設計的進行部分設計專利申請時，該部分的用途及功能」、「對室內設計的部分進行專利申請時，該部分的位置、大小及範圍」、「室內設計的用途和功能」、「室內設計的外觀」，如下表 7 所示，倘審查員不能從申請書內容及圖式推導出上述 4 點的具體內容，應認該設計不具體而不符合工業可利用性的實體要件。[241]

**表 7　設計不具體示例[242]**

| 設計不具體示例 |
|---|
| 1. 室內設計的具體用途不明的情況 |
| 2. 部分設計的用途及功能不明確 |
| 3. 無法確定申請客體是室內設計還是建築物 |
| 4. 室內設計的外觀不明確 |

以實際申請冥想室為例[243]，審查官原先依日本意匠法第 3 條第 1 項駁回其申請，理由在於依申請書中及所附圖式，並無法直接推論出空間的內壁究竟為圓頂形狀還是圓筒形狀，而認有揭露不明確而有設計不具體的情事，嗣待申請人補足說明以及內壁輪廓參考圖，明確表示內壁外觀為圓柱形後始核准該內裝意匠。[244]

---

[241] 同註 13，85 頁。

[242] 資料來源：同註 198，20 頁。

[243] 相關圖式詳見：日本意匠登錄第 1684158 號。

[244] 同註 14，24 頁。

3、新規性（新穎性）

設計專利制度的目的係為鼓勵設計專利的發明並促進工業發展，也因此需實體審查該發設計是否具備新規性，根據日本意匠法第 3 條第 1 項規定[245]，於申請前，在日本或國外已公開的設計專利，或於出版物中已刊載的設計專利，或通過網際網路使公眾有利用可能性之設計專利，與上述三個已知專利相似或相同的設計，無法核准其申請。[246]除了上述出版物外，有律師指出室內設計於判斷相似性的素材上也應特別注意各設計公司的網站，如果設計事務所或建設公司在自己公司的網站上公開了過去的設計物件，則有極大可能性存在與其申請的設計專利相當的原型設計或其他衍生設計。[247]

依照第三條各款新規性要求的適用，審查員應當審查所申請的室內設計是否與任何已知的設計相同或類似，即進行相似性的判斷。[248]將所申請的設計專利與已知的設計專利進行比較，若確定兩者設計相同，應認所申請的不具有新規性。此

---

[245] 日本意匠法第三条I：「工業上利用することができる意匠の創作をした者は、次に掲げる意匠を除き、その意匠について意匠登録を受けることができる。

一　意匠登録出願前に日本国内又は外国において公然知られた意匠

二　意匠登録出願前に日本国内又は外国において、頒布された刊行物に記載された意匠又は電気通信回線を通じて公衆に利用可能となつた意匠

三　前二号に掲げる意匠に類似する意匠」

[246] 日本特許廳，意匠審查基準第III部第 2 章第 1 節，新規性，1 頁。

[247] 同註 228，137 頁。

[248] 同註 198，12 頁。

外，即使兩設計間不完全相同，惟發現兩者設計是類似的，同樣可認定其不具備新規性。[249]

於判斷相似性時，審查官應從「使用者」的角度出發，判斷兩者是否相似。[250]舉例而言於一般住宅的室內設計的情形下，該住宅所有者通常被認為是使用者，故應從住宅所有人的角度出發進行衡量，反之對於商用建物或設施，原則上亦以建築或設施所有人角度出發，惟商用建物或設施之所有人通常會考慮到租戶和顧客的使用便利性和特別關注的地方等進行設計，故除從所有人的角度來看，可以擴張從實際使用者的視角進行觀察。[251]相似性判斷很大程度上係取決於人的主觀感受，惟判斷時應排除創作者的主觀觀點，以使用者的客觀印象判斷之。[252]

此外於判斷相似性時，應特別注意應以兩設計得以對比為前提，亦即兩設計的用途、功能近似，始有判斷的必要。[253]在判斷兩室內設計之間的是否具有用途、功能近似與否時，審查員首先根據與兩種設計所記載的說明，根據兩種外觀設計的使用目的、使用的狀態等來認定其用途及功能，惟不需詳盡比對兩者所說明的目的及用途是否完全相同，只需兩設計的功能或

---

[249] 同註 198，20 頁。

[250] 同前註。

[251] 同註 197，30 頁。

[252] 同前註。

[253] 同註 198，20 頁。

是用途具備一定共通性即可。[254]蓋考量到室內設計的特性，係供人們在室內度過一定時間的空間，因此原則上所有的室內設計都有一定共通的用途和功能，故採較寬鬆的用途、功能比對，例如當審查「餐廳室內設計」及「辦公室室內設計」兩者是否相似時，因兩者都係供人於內度過一定時間，故具備一定共通性而有用途、功能近似。[255]除了兩室內設計外，只要性質上是供人在其內度過一定時間，例如建築物的內部部分專利，亦可認為與室內設計間具有用途、功能的共通性，而可相互對照，舉例而言「住宅用之廚房」之室內設計與建築物的部分設計「建築物內部的廚房」，因性質相近而有用途、功能近似。[256]

　　意匠法第 8 條之 2 由多件物品組成的室內設計，包括整體的室內設計美學，包括物品的排列配置，故在確定室內設計的相似性時，除了要考慮每個組成物品的外觀，還要考慮其排列佈置的共同性及差異性。[257]如果各組成物品的排列佈置存在差異，或是組成物品外觀相同但是數量不同，如果這種差異很小或於室內設計領域的常見差異範圍內，則此差異對相似性判斷的影響是相對微小。[258]按官方示例[259]，兩設計皆為辦公室的

---

[254] 同註 198，21 頁。
[255] 同註 197，30 頁。
[256] 同註 13，87 頁。
[257] 同註 198，22 頁。
[258] 同前註。
[259] 詳細圖式示例詳見：同註 198，24 頁。

設計，兩種設計的外觀大致相同，且所有內部組成物品排列及
外觀幾乎相同，縱椅子的數量和排列方式以及站立式辦公桌的
朝向等不同，但該差異屬室內設計領域常見的差異範圍，因此
對相似性判斷的影響甚微，仍判斷兩設計為相似的設計。

　　4、創作非容易性

　　日本意匠法於第 3 條第 2 項規定，若該設計於其所屬領域
具有通常知識者可輕易創造出的設計，應不允許核准其專利。
[260]關於創作非容易性的判斷上，除了申請前已知的設計構成要
素和具體外觀方面幾乎原封不動表現的情況外，以先前技藝的
構成要素和具體形態為基礎，進行置換、組合、變更配置等
「常見手法」，以及僅對其進行「輕微變更」的情況，不符合
創作非易性的要件。[261]

　　就室內設計而言，審查員於審查時應從相關領域技術人員
的角度對室內設計的創作難易程度進行審查和判斷，相關領域
技術人員是指在提交設計專利註冊申請時，對從事製造或銷售
室內設計的行業中具有普通知識之人。[262]其次，何謂室內設計

---

[260] 日本意匠法第三条Ⅱ：「意匠登録出願前にその意匠の属する分野における
　　通常の知識を有する者が日本国内又は外国において公然知られ、頒布され
　　た刊行物に記載され、又は電気通信回線を通じて公衆に利用可能となつた
　　形状等又は画像に基づいて容易に意匠の創作をすることができたときは、
　　その意匠（前項各号に掲げるものを除く。）については、同項の規定にか
　　かわらず、意匠登録を受けることができない。」
[261] 佐々木眞人，〈創作非容易性の判断に関する考察〉，《パテント》，第 7
　　4 卷，2021 年 3 月，82-83 頁。
[262] 同註 198，28 頁。

領域的「常見手法」以及「輕微變更」，本次日本意匠法也於審查標準中提供相關示例，如下表 8 所示，以及相對應的設計圖式[263]，供審查上參考。[264]

表 8　室內設計領域之「常見手法」及「輕微變更」示例[265]

| 常見手法 | 輕微變更 |
| --- | --- |
| 置換：將先前技藝的組成物件進行置換 | 簡單的將緣角變更為圓角 |
| 組合：將多個先前技藝進行組合 | 單純刪除圖案 |
| 部分刪減：將先前技藝進行部分刪減 | 單純變更全部或某一部份的配色 |
| 配置變更：簡單變更先前技藝中各部件的排列配置。 | 單純變更素材 |
| 改變組成物件比例：僅簡單放大或縮小組成物件尺寸或改變組成物件長寬高比。 | |
| 改變同一組成物件數量：增加或減少先前技藝中之同一組成物件。 | |
| 不同種類物品間的挪用：如將漫畫主角房間的室內設計直接整體挪用的室內設計。 | |

---

[263] 詳細圖式示例詳見：同註 198，31-36 頁。

[264] 同註 13，90-95 頁。

[265] 資料來源：同註 13，90-95 頁；同註 198，15 頁。

　　以實際申請工廠控制室之室內設計為例[266]，審查官原先依日本意匠法第 3 條第 2 項駁回其申請，理由在於申請書強調該設計特點在於精心安排螢幕顯示器、工作站和辦公桌的佈置，使操作員不管位處控制室的任何位子都能確認工作站上的單一顯示器和前方大顯示器，惟審查員認為此設計僅係將矩形長桌以特定角度排列，屬室內設計領域「輕微變更」而認其不具備創作非容易性。[267]申請人不服而提起行政救濟，合議庭審決認為系爭設計將地板設計為左右對稱的板狀形，從左右端的中央或靠下向外側斜下方延伸成大致矩形，其在控制桌配置上則以其左右相同形狀的長方形板排列成俯視呈日文的「ハ」字形，而工作台則以靠近中央前方橫向配置 2 張，在左右端的中央或靠近前方的延伸部位各配置 1 張，全部皆與控制台頂部平行，此設計對於相關領域人員來說並非容易思及的設計，故撤銷原決定，核准此內裝意匠的申請。[268]

　　5、實體審查三要件比較表

　　本文以下表 9 整理日本意匠法實體審查三要件的異同，供參考。

---

[266] 相關圖式詳見：日本意匠登錄第 1718993 號。

[267] 日本意匠登錄第 1718993 號，拒絕查定。

[268] 日本意匠登錄第 1718993 號，審決。

**表 9　實體審查三要件比較表[269]**

|  | 工業可利用性 | 新規性 | 創作非容易性 |
|---|---|---|---|
| 條文 | 日本意匠法第三條I | 日本意匠法第三條I | 日本意匠法第三條II |
| 審查角度 | 相關技術領域擁有通常知識者 | 使用者 | 相關技術領域擁有通常知識者 |
| 審查要件 | 意匠法上所訂的物品、建築物或圖像設計所構成 | 兩室內設計之間的是否具有用途、功能近似 | 室內設計領域中常見手法 |
| | 設計具體 | 組成物品的外觀，其排列佈置的共同性及差異性 | 室內設計領域中輕微變更 |
| | 可供工業上使用 | | |

# 三、實際申請動向（截至 2023 年 03 月 31 日）

## （一）施行 3 年後登錄情形

　　日本意匠法於改正施行後，首先針對新增的室內設計的專利核准數總計為 415 件[270]，其中於申請種類前五名中（詳附圖1），以「辦公室相關的內裝意匠」佔最大宗，總計 105 件

---

數。[271]其次為「店鋪相關的內裝意匠」，總計件數為 91 件。[272]之後分別為「住宅相關的內裝意匠」（包含共同住宅[273]），共計 80 件；「印刷作業室的內裝意匠」，共 21 件；最後為「船舶相關的內裝意匠」，共 15 件。

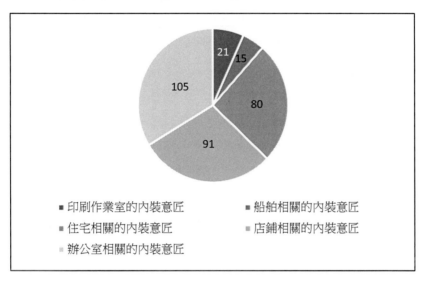

**圖 1　內裝意匠前五大申請種類[274]**

　　其次從擁有意匠登錄數量位居前五名的企業觀之，取得室內設計專利最多的企業為專售辦公及學生事務用品的公司株式

---

[271] 資料來源：https://www.j-platpat.inpit.go.jp/s0100

[272] 資料來源：同前註。

[273] 共同住宅：一棟建築物內有 2 戶以上的住戶，共享全部或部分之大廳、走廊或樓梯。

[274] 資料來源：本文自行整理製作。

会社イトーキ（ITOKI CORPORATION），其申請對象主要以旗下產品與室內空間結合的設計，以及辦公室內部的設計[275]為主，於意匠法修正後當前擁有的室內專利數量位居日本第一，總計登錄件數高達 43 件。第二名為株式会社シンクコンサルティング（Think Construction inc.），其推出「LDK 計畫」主打單身上班族市場，專門針對小坪數或者狹長型公寓及共同住宅室內進行設計[276]，總計登錄件數 37 件。[277]第三名則為日本擁有百年歷史的文具及辦公用品供應商コクヨ株式会社（KOKUYO Co., Ltd.），其申請對象以公司內部的室內設計為主，包含職務室與隔音會議室[278]等，總計登錄件數 33 件數。第四名為セイコーエプソン株式会社（SEIKO EPSON CORPORATION）以販售印表機為主之企業，故其針對公司內各種印刷作業室的設計大量進行設計專利申請[279]，總計登錄件數 21 件數。第五名為ミサワホーム株式会社（MISAWA HOMES CO., LTD.），為日本最大的住宅建造商之一，同樣針對旗下所建造設計住宅內部的各式設計，如疫情期間專為遠端工作設計的房間[280]、廚房[281]等大量進行室內設計的申請，總計

---

[275] 參諸日本意匠登錄第 1699158 號。

[276] 參諸日本意匠登錄第 1718822 號。

[277] 資料來源：https://loftldk.jp/

[278] 參諸日本意匠登錄第 1725186 號。

[279] 資料來源：https://www.epson.jp/technology/design/layout/

[280] 日本意匠登錄第 1698741 號。

[281] 日本意匠登錄第 1728689 號。

登錄件數 15 件數。

　　除了前述企業外，擁有數量前 10 名企業如下表 10 所示，其他企業如東芝、日知名雜貨量販企業株式会社カインズ（CAINZ）等也紛紛將旗下店鋪或賣場進行申請，足見未來室內設計專利也將成為各企業商業佈局上的一大考量。

**表 10　擁有數量前十名之日本企業及其專利件數**[282]

| 企業名稱 | 專利件數 |
|---|---|
| 株式会社イトーキ（ITOKI CORPORATION） | 43 |
| 株式会社シンクコンサルティング（Think Construction inc.） | 37 |
| コクヨ株式会社（KOKUYO Co.,Ltd.） | 33 |
| セイコーエプソン株式会社（SEIKO EPSON CORPORATION） | 21 |
| ミサワホーム株式会社（MISAWA HOMES CO. ,LTD.） | 15 |
| 東芝テック株式会社（Toshiba TEC Corporation） | 11 |
| 積水ハウス（SEKISUI HOUSE） | 9 |
| オカムラ（OKAMURA） | 8 |
| 株式会社カインズ（CAINZ CORPORATION） | 8 |
| くら寿司株式会社（藏壽司） | 7 |

---

[282] 資料來源：J-PlatPat 日本專利檢索系統。

## （二）代表性通過實例

本文將以下表 11 列舉之案例，作為代表性通過實例，進行分析。

### 表 11　內裝意匠代表性通過實例[283]

| 表格 | 登錄號碼 | 意匠名稱 | 權利人 |
|---|---|---|---|
| 表 12 | 1671152 | 書店的內裝 | カルチュア・コンビニエンス・クラブ株式会社（CCC Co., Ltd.） |
| 表 13 | 1671153 | 迴轉壽司店的內裝 | くら寿司株式会社（藏壽司） |
| 表 14 | 1701492 | 住宅客廳的內裝 | 株式会社 LIXIL |
| 表 15 | 1684384 | 零售店的內裝 | 株式会社カインズ（Cainz） |
| 表 16 | 1684483 | 飯店客房的內裝 | 株式会社東横イン電建（TOYOKO INN　電建） |
| 表 17 | 1713894 | 飯店客房的內裝 | 株式会社コスモスイニシア（COSMOS INITIA Co., Ltd.） |
| 表 18 | 1691263 | 印刷工作室的內裝 | イコーエプソン株式会社（SEIKO EPSON CORPORATION） |

---

[283] 資料來源：本文自行整理製作。

1、書店的意匠（日本意匠登錄第 1671152 號）

室內設計為新領域的權利申請，日本眾多企業正著墨及觀察如何及是否應申請，加上室內設計本身為多件物品的組合，比他類的申請更為複雜，故審查上會特別慎重，因此許多企業仍觀望第一批案例公報公布後以待後續的專利佈局，而眾所矚目的第一例公布之室內設計，即為カルチュア・コンビニエンス・クラブ株式会社（CCC Co., Ltd.）所申請的書店內裝。[284]基此原因將其選入本文代表性實例，並透過表 12 觀之該專利登錄之說明。[285]

カルチュア・コンビニエンス・クラブ株式会社（CCC Co., Ltd.）當時的法務長中路星児針對其公司的專利佈局，認為於網路購物盛行之時代，實體商店生存的價值在於提供只唯有入店才能得到的消費體驗，使商店成為每個客戶日常生活的一部，為客戶的生活帶來新的體驗和創意，因此十分致力於花費時間與精力於商店內部的設計與裝潢，並以此作為旗下書店的賣點進一步於國外展店。[286]惟開業幾年後，卻處處可見模仿其品牌之設計與裝潢，對其品牌的識別性造成不良影響，過去日本國內只要不是全部模仿，即很難基於不正當競爭防止法[287]

---

[284] 神谷由紀，〈令和元年改正意匠法施行後の状況について〉，《特許研究》，第 71 期，2021 年 3 月，79-80 頁。

[285] 相關圖式詳見：日本意匠登錄第 1671152 號。

[286] 同註 228，71-75 頁。

[287] 同我國「公平交易法」。

的主張權利侵害，故於意匠法修正通過後，即刻規劃專利之申請，認為當旗下室內設計受到專利法保護，除了該設計的價值得到肯認，同時也提高設計者地位，其原創性和概念得到了法律上保護，而非僅僅為了專利排他性而提出申請。[288]

### 表 12　書店的內裝說明[289]

| 意匠名稱 | 書店的室內設計 |
|---|---|
| 設計相關物品的說明 | 本申請的設計是書店的室內設計，有直線縱列狀排列的長矩形桌子和牆面書架。 |
| 註冊範圍與圖式說明 | 扣除淡墨的部分以外的部分係欲申請設計專利登記的部分。 |
| 專利特徵（申請人的描述原封不動照貼，日本特許廳尚未審查內容） | 在縱長的空間中，書架從正面看沿著左右內壁排列，垂直矩形的書桌在書架之間夾在中間的空間中以柱狀排列。另外由於天花板的百葉窗、形狀相同的檯燈和左右的壁面光平行於等間距配置，從正面看視覺上呈現一種空間以縱深直線延伸的印象，使人想起機場的跑道。天花板百葉窗遮蔽了電燈的直射光，為整個空間中營造出平靜的氛圍。客人可以在長桌上度過輕鬆舒適的時光，配上一盞照度適中的檯燈，就像在書店裡邊喝咖啡邊看書一樣。 |

---

[288] 同註 228，75 頁。

[289] 日本意匠登錄第 1671152 號。

2、壽司店的意匠（日本意匠登錄第 1671153 號）

　　與書店內裝並列為第一申請實例的「くら寿司」[290]，將 2020 年訂為「二次創業期」，計畫在日本本土及美國、台灣、中國等地積極展店。[291]本次申請通過的實例為 2020 年 1 月開幕的「浅草 ROX 店」，內裝設計整體採木質框架結構，同時融入大量日本傳統江戶浮世繪、面具、夏季祭典遊戲等元素，打造出不同於過去該品牌店鋪的不同意象。[292]くら寿司將這家店定位為宣傳日本文化的「全球旗艦店 1 號店」，目標客群為淺草之國際觀光客，出於提升品牌價值以及向創作者佐藤可士和表達敬意的目的，故提出專利申請。[293]有鑑於くら寿司為全球知名的日本品牌，不僅已於我國展店，本次專利申請背後的專利佈局與理念目的也相當具體，我國專利法修正後，くら寿司後續全球專利佈局亦的動向亦值得關注，故將其選入本文代表性實例，並透過表 13 觀之該專利登錄之說明[294]。

---

[290] 中文名「藏壽司」。

[291] 郭思妤，佐藤可士和操刀新 logo！「くら寿司 藏壽司」全新淺草旗艦店，以現代手法重現江戶風情，Shopping Design，2020 年 6 月，https://www.shoppingdesign.com.tw/post/view/5534（最後瀏覽日：2022 年 4 月 13 日）

[292] 同前註。

[293] 同註 228，63 頁。

[294] 相關圖式詳見：日本意匠登錄第 1671153 號。

表 13　迴轉壽司店的內裝說明[295]

| 意匠名稱 | 迴轉壽司店的內裝 |
|---|---|
| 設計相關物品的說明 | 本申請的設計是迴轉壽司店內部的設計，由支柱和屋頂組成的高臺下配置桌子、椅子、旋轉壽司輸送裝置所構成。 |
| 專利特徵<br>（申請人的描述原封不動照貼，日本特許廳尚未審查內容） | 本申請的設計特徵是，在迴轉壽司店的室內，建造由支柱和屋頂構成的櫓，在其下方平均配置桌子、椅子、隔板、迴轉壽司運送裝置。 |

3、住宅內裝的意匠（日本意匠登錄第 1701492 號）

　　內裝意匠登錄的客體除了店鋪外，大眾每天生活的住宅內部裝潢也係日本此次修法所欲重點保護的客體，也可預見未來日本各家室內設計公司或是設計師，針對旗下的設計作品及未來品牌佈局，定會有一定影響。本文選取日本著名建商公司株式会社 LIXIL 所申請的住宅客廳的內裝作為說明實例，不同於其他家建築公司以平面及黑白圖式為主，株式会社 LIXIL 提供立體且多視角的圖式，不僅突出本身的設計重點外，本文認為未來審查其與他設計相似度時，也更能提供審查員更為具體且客觀的圖式對照，對於申請住宅相關內裝專利圖式提供也非常具有參考性，故將其選入本文代表性實例，並透過表 14 觀之該專利登錄之說明。[296]

---

[295] 日本意匠登錄第 1671153 號。

[296] 相關圖式詳見：日本意匠登錄第 1701492 號。

## 表 14　住宅客廳的內裝說明[297]

| 意匠名稱 | 住宅客廳的內裝 |
| --- | --- |
| 設計相關物品的說明 | 在每個圖式的整個表面區域所代表的陰影係為識別三維表面所設計。在正視圖中後牆上的三個垂直矩形部分為透明窗戶。在省略前壁的右側面圖中，出現在門上的豎直長方形部分為半透明且圖中門右側出現的六個長方形則具透光性。此外於斜視圖 1、斜視圖 2 和斜視圖 3 中，是以相同的廣角鏡頭視點製作的圖式，與正投影法製作的圖式相比，圖中各組件的長寬比是不同的，故各組件的長寬比對應圖的邊緣顯得不相同。 |
| 註冊範圍與圖式說明 | 扣除紫色的部分以外的部分係欲申請設計專利登記的部分。 |

4、零售店內裝的意匠（日本意匠登錄第 1684384 號）

　　觀諸於台展店的各日系品牌零售店，如無印良品以及大創（DAISO）等，都以其明顯的商品陳列及店鋪設計為其品牌特色，以增加與其他品牌間的識別。本次日本意匠法修法研討會亦特別提及設計對於經營的重要，以及防範未來品牌仿冒及侵權的問題，特增列室內設計為保護客體。

　　我國開放室內設計專利後，店鋪內部設計定會成為各品牌專利佈局上的重心，該如何進行專利說明及圖式提供，想必也會成為各申請人申請時思索重點所在。日本第一例有關零售店

---

[297] 日本意匠登錄第 1701492 號。

的專利申請為株式会社カインズ（Cainz），以旗下的 Style
Factory 零售店作為本次的申請客體，除了提供不同視角的圖
式及實際使用參考圖外，同時於申請書中針對其貨架及主題陳
列上的巧思，皆有明確且具體的說明，使一般大眾及相關領域
之人得藉由申請書明確得知該設計的重點及巧思所在，本文認
為此申請對未來我國或日本其他零售業的內裝申請也起到了很
好的示範及參考作用，故將其選入本文代表性實例，並透過表
15 觀之該專利登錄之說明。[298]

表 15　零售店的內裝說明[299]

| 意匠名稱 | 零售店的內裝 |
| --- | --- |
| 設計相關物品的說明 | 本申請的零售店，店鋪內的賣場擺設係根據市場調查和 POS 分析等設定的主要主題（例如：睡眠、寵物、DIY、讓家務輕鬆的便利商品等）以及與該主題相關的子主題所構成的，並且每個所述銷售區域都由高度一致的固定裝置隔開。 |
| 註冊範圍與圖式說明 | 參考平面圖中所示的箭頭表示在箭頭的起點處描述的數字分別對應於立體圖 1 至 3 的視點位置和方向。平面圖中用實線表示的部分以及與其對應的立體圖 1 至圖 3 中的部分是要申請設計專利登記的部分。 |
| 專利特徵 | 在一般實體的零售店中，以「烹飪器具」、 |

---

[298] 相關圖式詳見日本意匠登錄第 1684384 號。

[299] 日本意匠登錄第 1684384 號。

| 意匠名稱 | 零售店的內裝 |
|---|---|
| （申請人的描述原封不動照貼，日本特許廳尚未審查內容） | 「文具」、「寢具」等一個關鍵字為基礎，按類別陳列商品的手法是主流，但是近年來隨著網路購物的普及，使用多個關鍵字中檢索商品是很常見的。過去以「烹飪器具」、「文具」、「寢具」等單一關鍵字而陳列的零售店，對於用戶來說已不是實用陳列方式，為了在零售店實現多個關鍵字的商品檢索，原則必須花費時間跑遍整個零售店才能買其所有相關的商品。本設計根據市場調查和 POS 分析等設定的主要主題（例如：睡眠、寵物、DIY、讓家務輕鬆的便利商品等），以及與主主題相關的子主題，通過設置高度統一的吊籃，可以形成由多個關鍵字（主主題和子主題）組成的零售店內部設計。主主題的展示架設計上會比子主題的展示架高出 90 公分，並用於突出及分類各個主主題的區域。子主題的展示架用於展示與主主題相關的商品（例如，在以「寵物」在為主主題相關的銷售區域，展示「空氣芳香劑」和「防抓窗簾」等商品。）通過如此的擺設設計，創造具有相關聯主題（關鍵字）商品的陳列區域，以符合現在網購消費者的消費習慣。 |

5、飯店客房的內裝（日本意匠登錄第 1684483 號、日本
　　意匠登錄第 1713894 號）

　　近年來我國有關室內設計相關的智慧財產權案件，以智慧
財產法院 104 年度民著訴字第 32 號民事判決為開端，因兩飯
店客房內裝高度相似而提起著作權侵害案件為討論中心。本件
審理重心雖以著作權法為主，惟飯店客房設計亦屬室內設計之
一環，且隨著疫情國內旅遊盛行，各旅店紛紛提供具品牌或是
當地特色的客房作為賣點吸引遊客，足見客房設計本身對於飯
店本身的經營規劃具相當的影響力。鑑於我國專利法修正以及
上述案件的啟發，未來各旅店應如何保護具獨特設計性的客房
以及防範仿冒行為，定會成為智慧財產權管理佈局上的重點。

　　觀諸日本意匠法修正後，第一例為客房進行專利申請的為
日本商務旅館集團株式会社東横イン（東横 INN）旗下子公司
東横イン電建，值得注意的是其並非以整個客房設計作為申請
客體，轉而以專為商務人士設計的多功能擺設與空間結合提出
申請，不僅該設計本身及圖式說明本身具有高度參考性，也提
供未來我國飯店業者不同的專利佈局啟示，不一定要針對客房
本身全部進行申請，倘針對飯店每間客房皆有的特殊擺設，例
如床頭櫃及牆面的設計，也可以透過申請部分專利來維護其權
利，故將其選入本文代表性實例，並透過表 16 觀之該專利登
錄之說明。[300]

---

[300] 相關圖式詳見：日本意匠登錄第 1684483 號。

**表 16　飯店客房的內裝說明（一）**[301]

| 意匠名稱 | 飯店客房的內裝 |
|---|---|
| 設計相關物品的說明 | 本申請設計是酒店客房內裝設計的一部分，通過設定在床頭側附近的牆面上，能夠發揮較佳的功能。通過集中照明、收納及充電等功能的設計，提高住宿者的便利性，並構成室內裝飾。本申請的設計不僅適用於所有住宿設施的客房，也適用於其他設施的病房、房屋和臥室。 |
| 註冊範圍與圖式說明 | 用實線表示的部分是要申請設計專利的部分。點劃線僅區分要申請設計專利的部分和其他部分的邊界的線。右側視圖中被床遮掩的部分（如床架、進氣口）於左側視圖中係呈對稱排列。在表示各部分名稱的參考立體圖中省略床的記載。 |

　　除了上述針對部分特殊設計進行的設計，針對客房整體設計為客體的申請，以株式会社コスモスイニシア（COSMOS INITIA Co., Ltd.）為例，以旗下關係企業所營運的飯店 MIMARU 客房為申請客體，希望跳脫一般日本飯店給予觀光客小而美的印象，旗下客房以寬敞及設備豐富為賣點，以團體客及家庭客為目標客群，故客房的整體設計上亦採寢居分開的設計，設計說明明確該房間的設計特點，同時於圖式提供上也對我國未來飯店客房實務申請具有高度參考性，故將其選入本

---

301 日本意匠登錄第 1684483 號。

文代表性實例，並透過表 17 觀之該專利登錄之說明。[302]

**表 17　飯店客房的內裝說明（二）[303]**

| 意匠名稱 | 飯店客房的內裝 |
|---|---|
| 設計相關物品的說明 | 此設計為酒店客房的內裝，將擺設電視、沙發和廚房的團體空間與佈置有雙層床的睡眠空間分開，旨在營造出寬廣的活動空間供團體客人使用。 |
| 註冊範圍與圖式說明 | 用實線表示的部分是要申請設計專利的部分。點劃線僅區分要申請設計專利的部分和其他部分的邊界的線。 |

6、印刷工作室的內裝（日本意匠登錄第 1691263 號）

觀察日本申請實例，除了常見建築設計公司或相關店鋪品牌外，尚出現以旗下產品與室內空間佈局結合的設計作為申請標的，不僅該產品本身得受專利保護，產品本身於空間中佈局方式或與其他家具的陳列設計，亦得做為內裝意匠的申請客體。此舉大大擴張了室內設計的保護範圍，未來除了空間設計本身以外，其他如家具、辦公用品甚至寵物用品等，亦可根據其在空間中可能的擺設方式進行內裝申請。本文以印表機大廠セイコーエプソン株式会社（SEIKO EPSON CORPORATION）為例，使用旗下大型印表機與空間佈局設計而成的印刷工作

---

[302] 相關圖式詳見：日本意匠登錄第 1713894 號。

[303] 日本意匠登錄第 1713894 號。

室，作為內裝設計的客體進行大量的專利申請，整合兩種不同專利而組成新的專利佈局，也提供顧客更多元的空間利用方式。考量到未來不同專利間整合管理的可能性，故將其選入本文代表性實例，並透過表 18 對該專利登錄說明。[304]

依本文的觀察，セイコーエプソン株式会社（SEIKO EPSON CORPORATION）已針對旗下的大型印表機於空間可能的不同排列與擺設大量進行申請，足見セイコーエプソン株式会社（SEIKO EPSON CORPORATION）除了自家印表機產品外，亦相當注重未來在室內設計領域所能掌握的專利權利，智慧財產權管理佈局上已不單單只是產品本身，而係進一步擴大與產品相關的專利版圖，未來動向亦值得注意。

**表 18　印刷工作室的內裝說明[305]**

| 意匠名稱 | 印刷工作室的內裝 |
|---|---|
| 設計相關物品的說明 | 該印刷工作室設定在辦公室內，大型列印機與書架相鄰。參考圖 2 中的大型列印機的配色與參考圖 1 中的大型列印機配色不同，後者為使用中的列印機。另外該印刷工作室不限於辦公室。 |
| 註冊範圍與圖式說明 | 用實線表示的部分是要申請設計專利的部分，除此之外的部分用虛線表示。 |

---

[304] 相關圖式詳見：日本意匠登錄第 1691263 號。

[305] 日本意匠登錄第 1691263 號。

## 四、侵害行為之除去與損害賠償金額之計算

　　按日本意匠法的規定，使用已知或相類似的專利為商業行為，構成對設計專利的侵害，專利權人得請求侵害停止或防止侵權行為。[306]舉例而言，若某室內設計已成功註冊設計專利，而未經授權第三方建造與該已知專利相同或類似的室內設計，專利權人得依日本意匠法第 37 條第 2 項規定[307]請求「銷毀」該室內設計。[308]惟與一般「物品」設計專利不同，有學者認為銷毀「物品」相對較為容易，依照室內設計本身的性質，基於建造及拆除的時間與金錢成本，是否宜採與一般物品相同的「銷毀」模式，其適當性備受討論，亦有待觀察未來出現室內設計實際侵權訴訟中，日本法院會如何進行實際裁決。[309]

---

[306] 意匠法第三十七条第 1 項：「意匠権者又は専用実施権者は、自己の意匠権又は専用実施権を侵害する者又は侵害するおそれがある者に対し、その侵害の停止又は予防を請求することができる。」

[307] 意匠法第三十七条第 2 項：「意匠権者又は専用実施権者は、前項の規定による請求をするに際し、侵害の行為を組成した物品、建築物若しくは画像（その画像を表示する機能を有するプログラム等を含む。第六十四条及び第六十五条第一号を除き、以下同じ。）若しくは画像を記録した記録媒体若しくは内蔵する機器（以下「一般画像記録媒体等」という。）又はプログラム等（画像を表示する機能を有するプログラム等を除く。以下同じ。）若しくはプログラム等を記録した記録媒体若しくは記憶した機器（以下「プログラム等記録媒体等」という。）の廃棄、侵害の行為に供した設備の除却その他の侵害の予防に必要な行為を請求することができる。」

[308] 同註 197，32 頁。

[309] 同前註。

　　次按日本意匠法第 39 條的規定，在難以計算專利侵害損害賠償的具體金額案件，沿用日本特許法的規定，考量專利權利人的利益、侵權人的利益，以及相當於權利金的金額，以此計算具體損害賠償金額[310]，計算方式如下表 19 所示。

表 19　專利侵害損害賠償的具體金額計算方式[311]

| | 法條 | 計算方式 |
|---|---|---|
| 專利權利人的利益 | 日本意匠法第 39 條第 1 項 | 損害賠償金額為銷售的侵權產品數量乘上專利權人銷售該產品所得的每件利潤額，但最高不得超過專利權人的權利金費用。 |
| 侵權人的利益 | 日本意匠法第 39 條第 2 項 | 損害賠償額為侵權人因侵權行為而獲得利潤額，若侵權人使用侵權產品從事商業行為，則推定具體損害賠償金額為產品銷售數量乘上侵權人所能獲得單位利潤。 |
| 權利金 | 日本意匠法第 39 條第 3 項 | 損害賠償額為授權實施該專利所得收取之權利金為基礎計算損害。 |

　　於室內設計的損害賠償計算，同樣依其性質，難以適用日本意匠法第 39 條第 1 項及第 2 項主要針對「物品」的損害賠償計算方式，有學者提出若係將該設計作為商業空間使用，於

---

[310] 同註 228，178 頁。
[311] 資料來源：同前註。（陳彥珈翻譯）

計算上應從出租該空間所得利益出發，惟要如何計算室內設計為該空間為創作多少具體出租利益，係計算上的棘手問題。本文以為，蓋室內設計性質上與一般物品專利有極大差異，係多種物品的組合且難以量產販售，因此無法透過日本意匠法第 39 條第 1 項及第 2 項單件產品的銷售量與利潤進而得出具體的損害賠償數額，有鑑於此，較適宜的計算方式除了按日本意匠法第 39 條第 3 項以權利金為損害賠償的具體數額外，亦可回歸室內設計實務界上常見的利潤計算方式，以該侵權者實際收取設計費作為損害賠償的具體數額，不僅與一般物品專利計算方式進行區辨，法院操作上亦有較為客觀的金額得以參照。

## 第二節　日本內裝意匠評析

### 一、統一美感

　　日本內裝意匠的形式要件上，為確保由多種物品構成的室內設計，空間中各物品的連貫性，日本意匠法將「統一美感」納入審查要件，卻未明確定義「統一美感」，以致未來應如何解釋「統一美感」一詞，以確保審查機關正確用法，將是日本實務操作上一大重點。有學者肯定此要件存在的必要，認為室內設計屬多種物品組合，須藉「統一美感」加以把關以避免權

利濫用。[312]惟有學者認為不宜採過於嚴格的解釋，若要達到嚴格解釋要求的統一美感，原則上須各個家具及擺設皆係配合空間美感所特別訂製，始能滿足統一美感要件，但按現行的室內設計實務，這樣的設計模式其實是少數，大部分的室內空間擺設並不會全部專為該空間搭配所打造，反而以現有成品及家具進行搭配的情形更為常見，如此一來即有不符合嚴格解釋下的統一美感的可能，使得實際通過的設計數量寥寥無幾。[313]此舉不僅與室內設計的立法目的相違背，也使新法如同虛設，根本無法達到真正保護室內設計的效果[314]，故有建議審查員於審查「統一美感」時，應將著眼於整體視覺的統一，而非專注於空間中單一或是個別的物品是否具有統一美感。[315]

　　針對「統一美感」的要件爭議，首先本文認為在日本意匠法沒有明確定義的情況下，以文義解釋來看過於主觀跟抽象，且美感的定義及感受因人而異，難以期待一致且客觀的審查標準。其次關於美感的審查角度，本文認為美感的審查應劃入專業判斷的範疇，比照創作非容易性的審查角度，從相關領域技術人員的角度對室內設計的是否具有統一美感進行審查和判

---

[312] 同註 191，14 頁。

[313] 大峰勝士，〈最近の意匠審查基準改訂〉，《特技懇》，第 299 期，2020 年 11 月，16-17 頁。

[314] 同前註。

[315] 陳皓芸，〈臺日設計專利保護的最新發展與動向——以保護標的之擴大為中心〉，《專利師》，第 47 期，2021 年 10 月，71 頁。

109

斷，盡量避免審查員個人的審美影響該設計的准駁情形，透過專業領域的知識補足主觀審查的弊端，係現行法上避免爭端較適當的解決方式。最後有關「統一美感」要件是否有立法之必要，值得深入思考，若將此要件採嚴格解釋，勢必造成通過案件數銳減外，為了通過統一美感的要件，反而使得設計師必須轉而選擇意匠法所能接受的設計手法，不僅實際壓縮創作的自由度，亦無法落實室內設計專利保護的目的；若採寬鬆解釋，究應如何劃定寬鬆的界線即是個棘手問題，若解釋過於寬泛將使得本要件形同虛設，設計師對於審查標準亦無可預見性，未來審查上的爭端定是有增無減。

綜上所述，回歸意匠法規範的初衷，係「透過謀求意匠的保護及利用，進而鼓勵意匠的創作，以促進產業的發展」[316]，足見意匠法是要保護好的設計，而不是保護「美」的設計，本文認為實無必要將主觀美感納入審查准駁的形式要件，反而阻礙產業創作自由，將好的設計拒於意匠法保護範圍外，並無法促進室內設計整體產業發展。

## 二、新穎性

首先於可對比性審查上，意匠法目前採寬鬆解釋，只要性質上是供人在其內度過一定時間的室內設計，原則上皆具有用

---

[316] 意匠法第一条：「この法律は、意匠の保護及び利用を図ることにより、意匠の創作を奨励し、もつて産業の発達に寄与することを目的とする。」

途、功能的共通性而可以相互對照，而不管該室內設計的具體用途，惟此解釋方式是否過度寬鬆，值得討論。蓋新穎性的審查角度係以「使用者」角度出發，若從一般使用者的常識觀之，不同的室內設計能否全部視為具用途、功能的共通性，存有疑問。舉例若將車內空間或辦公室空間相對比，從一般空間使用者人角度而言，兩者的使用用途還有功能相差甚遠，共通性即相對薄弱，單方面兩者認為係具可比性的設計，實難說服一般使用者。此外，日本意匠審查基準中強制要求申請者須於說明書中具體說明空間用途以明確權利範圍[317]，然審查對比性時卻無視說明書中記載的具體用途，逕採廣義解釋任意擴大對比的範圍，實乃相互矛盾。

　　其次於新穎性審查的實務上，意匠法修法後許多日本律師及設計師針對已知專利的資料蒐集提出疑問，以日本室內設計實務界而言，較難以知悉哪些係日本或國外已知的設計專利，理由在於考量到室內設計的性質，許多空間係屬私人領域而他人不能輕易進入外，各個室內設計公司基於公司營運需求及客戶要求，通常習慣公開設計目錄，而不會公開整體設計圖原貌[318]，故要如何蒐集已知專利以進行審查，為當前日本審查實務上急需解決的問題。

---

[317] 同註 228，131 頁。

[318] 日本国際知的財産保護協会，〈新たなタイプの意匠及び部分意匠の審査に関する調査研究報告書〉，《日本国際知的財産保護協会》，初版，2020年 2 月，163 頁。

# 第五章　日本意匠法對我國室內設計專利之啟示

　　本章將回歸我國法，以我國「設計專利審查基準」和「說明書及圖式製作須知」與室內設計相關修正內容為討論對象，簡介我國現行法規與申請流程，並與日本法相對照以釐清兩國規範上的異同。

## 第一節　我國設計專利修法

　　承如第三章第一節設計專利說明，考量過去並未明定不動產如建築物或室內設計等為設計專利保護客體，造成我國設計專利保護範圍的不確定性，我國遂於 2020 年修正專利審查基準第三章的設計專利審查基準，與 2019 年日本意匠法修正方向相同，將其中第二章第一節「設計之定義」中擴大設計得以應用之「物品」範圍，明文包含「建築物、橋樑或室內空間等設計」，並同時於第八章「部分設計」以圖片示例室內設計欲主張設計部份之揭露方式。[319]

---

[319] 朱桓毅，〈淺談我國設計專利關於建築物、室內設計類別的圖式製作〉，

## 第二節　我國室內設計說明書與圖式製作

　　按 2022 年 2 月公布之新版「設計專利之說明書及圖式製作須知」，室內設計之說明書與其他設計專利脈絡一致，首先在物品名稱中須明確指定設計所施予的物品為何，例如廚房、臥室等以明確專利範圍，並於物品用途以及設計說明中簡介該設計之應用與設計特徵。[320]惟我國目前名稱規定僅強調須直接指定物品，至於該建築物或室內設計本身之性質則在所不問，而未如日本法進一步強調若為多種不同用途的室內空間所組合之建築物或一空間多種不同用途的設計應特別標示之規定，未來針對飯店或是百貨公司等同時存在多種性質空間之建築物應如何申請及明確專利範圍，值得注意。此外我國亦無強制規範空間內部需由複數設計專利規範得應用之物品組成，未來應如何與建築物的內部部分設計進行區別，亦值得關注。

　　其次關於圖式製作規定，我國圖式示例方式亦與日本圖式示例提供方向一致，皆係提供大量說明書以及具體圖式供申請人參考。[321]

　　其中更直接引用日本實際已核准通過的專利圖式做為一點

---

《台一專利商標雜誌》，第 275 期，2021 年 7 月，1 頁。

[320] 經濟部智慧財產局，《設計專利之說明書及圖式製作須知》（111 年 2 月版），60 頁。

[321] 相關圖式示例詳見：經濟部智慧財產局，《設計專利之說明書及圖式製作須知》（111 年 2 月版），72-73 頁。

透視法製圖說明[322]，顯見我國的申請方式及圖式製作規範上有很大程度參考日本意匠法修法以及日本已核准設計專利。

於圖式製作種類上，不同於日本並無特別限制圖式之種類，我國認為室內設計性質上屬立體形式之設計，故須有具體立體外觀始能明確呈現室內設計整體，故強制申請人應提供立體圖以供審查。[323]而另一不同點在於日本為強化建築物與室內設計之區別，強制規定圖式必須至少揭露牆壁、天花板或地板其一，否則有可能無法滿足設計具體的要件而駁回，惟我國圖式製作上並無相關規定，似透過強制提供立體圖之方式來審查是否整體設計是否該當內部空間的要件。

最後觀諸兩國設計專利之保護期限，相較於我國現行 15 年的保護期間，日本於 2020 年將原先意匠保護期限從 20 年延長至 25 年[324]，理由除了參考歐洲趨勢外，近年來考量飛機及汽車等需要長期開發及修正的工業設計，許多企業已習於開發階段即進行相關專利申請，惟經過長時間反覆改良後始將產品上市，而有延長保護期限的需求，以及從支持企業為提高品牌價值而投入的設計觀點出發，認為確有延長保護期限的必要而

---

[322] 相關圖式詳見：同前註。

[323] 同前註。

[324] 日本意匠法第 21 條：「意匠権（関連意匠の意匠権を除く。）の存続期間は、意匠登録出願の日から二十五年をもつて終了する。関連意匠の意匠権の存続期間は、その基礎意匠の意匠登録出願の日から二十五年をもつて終了する。」

進行修法。[325]

## 第三節　我國法與日本法比較

　　觀諸我國與日本在室內設計專利保護上，兩國修法方向一致，皆開放得以設計專利維權，惟在法源以及說明書和圖式製作上，兩者仍存在一定程度的不同，故本文綜合前兩節的內容，將兩國針對室內設計專利之申請規定之異同以表 20 整理，以釐清兩者規範差異並提供未來我國或日本企業申請上的參考。

**表 20　兩國法比較[326]**

|  | 日本 | 我國 |
| --- | --- | --- |
| 法源 | 增訂意匠法第 8 條第 2 項將室內設計納入日本意匠法保護範疇，並闡明其要件及內涵。 | 修訂設計專利審查基準，將我國法設計所得施予之物品範圍擴及至室內設計。 |
| 設計名稱 | 名稱應以「○○的內裝」或「○○用的內裝」 | 直接指定所施予之物品，例如廚房、臥室。 |

---

[325] 日本特許廳，第 8 章意匠權の存続期間の変更，137-138 頁。
https://www.jpo.go.jp/system/laws/rule/kaisetu/2019/document/2019-03kaisetsu/2019-03kaisetsu-02-08.pdf

[326] 資料來源：本文自行整理製作。

| | 日本 | 我國 |
|---|---|---|
| | 若為多種不同用途的室內空間所構成，需明確欲申請空間名稱及用途<br>若為一空間內同時有多種用途或目的的設計，可以主用途及其他用途加以說明。 | |
| 圖式揭露 | 圖式中至少需揭露地板、牆壁或天花板其中之一者，惟揭露方式並未特別限制。 | 強制規定須提供立體圖，但並未規定至少需揭露地板、牆壁或天花板其中之一。 |
| 保護期限 | 25 年 | 15 年 |

## 第四節　具體修法建議

　　我國於 2020 年將設計專利範圍擴及至室內設計的修法，本文認為確可解決現行我國法保護不足的問題，理由在於設計專利在申請手續及取得門檻較為簡易外，且權利穩定、保護期限長，在侵權爭端舉證上亦較為容易，主要以申請書圖式以及說明書說明作為權利範圍判准，在權利取得以及權利範圍認定上都較為容易且具體，也能有效達到嚇阻不當模仿或抄襲的目的。以第三章第五節提及室內設計實務界常見爭端為例，倘業主未經 A 設計公司同意或授權即將其設計圖提供給 B 設計公

司施作，在設計專利開放後，A 公司得在提供設計圖予業主的同時進行設計專利申請，並告知業主該專利的申請情形，事前有效避免未來業主不當使用之可能，以維護自身設計。

惟立法模式選擇上，不同於日本意匠法將室內設計形式要件及具體內涵明訂於意匠法中，同時於日本「意匠審查基準」中闡明實體要件審查基準並提供不符的示例，我國並未修訂專利法本法，而僅於設計專利審查基準中擴大物品的意義以及提供相關圖式示例，此立法模式是否過於倉促且草率，有待商權。

首先室內設計為空間規劃與空間裝飾的組合，性質上係由複數物品所構成，查我國專利法第 129 條明白揭示「一設計一申請」原則，與日本意匠法第 7 條原則相同，除了符合成組設計要件的例外，僅得就單一外觀設計應用於單一物品為申請，究我國室內設計得進行申請正當性基礎為何，係將室內設計整體定位為一物品而得適用「一設計一申請」抑或參照日本意匠法將室內設計定為複數物品而作為「一設計一申請的例外」，無從得知。其次日本意匠法第 8 條之 2 對室內設計為具體定義，同時透過「意匠審查基準」補充細節內涵及實體審查注意事項，例如商店室內設計亦可包含店面設計以及兩室內設計近似判斷的事例，幫助日本本土或外國企業迅速且具體掌握室內設計於意匠法的定位及申請實務。惟我國並如圖像專利將室內設計明訂於專利法中，亦未於設計專利審查基準闡述我國專利制度對室內設計的定義及內涵，故依現行規範除了已知的相關

圖式說明外，申請人較難掌握得申請的權利客體及範圍，例如我國專利範圍得否包含地板下收納空間或陽台等，在實體要件審查上亦無提供基準以及示例供參考，造成專利申請上的不確定性。

　　為解決上述問題，本文認為我國設計專利較佳修法方向，首先立法模式應比照圖像專利將「室內設計」明文化於我國專利法中，使國內外大眾直接且明確知悉我國設計專利保護範圍涵蓋室內設計，而不需額外透過設計專利審查基準始得知，同時應闡明我國室內設計的定位，究係將其定位於「一設計」或是「一設計一申請原則的例外」，以避免欠缺正當性基礎而與「一設計一申請原則」相抵觸。其次利用設計專利審查基準補足我國室內設計的定義與形式要件，在形式要件中的客體範圍，本文認為宜比照日本法，以「使人在其內部度過一定時間的所有空間」、「目光所及且視覺上呈現單一空間」為原則，保護範圍限於視覺得以感知及人得存在其中的單一空間，舉凡交通空間內部空間、商店店門設計甚至與室內以玻璃相連的陽台，而不及於地板下或天花板中空間以及視覺上被切割的空間，以補足現行法客體申請範圍申請不明確的立法缺漏及說明「一設計一申請原則」於室內設計之適用。

　　再來應比照日本規範室內設計明文規範「由複數我國設計所得應用之物品構成」，藉此強調室內設計與建築內部部分設計的區別，同時示例不符合此要件的設計，如日本汽車展示間的圖式及不保護物品表列，供權利人參考及評估其設計究應申

請室內設計或是建築物類別。最後日本法形式要件中規範的「統一美感」要件，本文認為無需特別參考，理由在於該要件過於空泛且抽象，亦容易造成審查流於主觀審美而使許多優秀的設計無法取得設計專利，此非本次修法所樂見。

另外觀諸實體審查，首先於「新穎性」審查上，本文認為相較於日本採廣義解釋將認為任何一室內設計皆可互相對比，仍應以說明書所記載的用途或機能作為對比前提，例如「飯店用浴室」與「住宅用浴室」，以避免專利權範圍過度擴張。此外在審查是否與已知專利近似或相同上，我國專利法規定係以「普通消費者」的角度觀之，惟如何定義室內設計的「普通消費者」，本文建議得比照日本法以該「室內設計所有人」為原則，倘係多用途設計或是商業辦公空間，得例外擴及至該「空間實際使用人」或「一般消費者」，藉此與一般單一設計物品區別。除了審查基準外，實務審查作業上，參考日本實務界存在的問題，基於許多室內設計的私人性及未公開性，我國主管機關審查上是否具備足夠的資料蒐集能力，相關單位須及早因應並規劃。其次在「創作性」審查基準上，宜廣納我國室內設計領域相關實務工作者的意見，具體示例我國易於思及而不具創作性的室內設計，供申請人參考。

而於說明書及圖式製作上，首先有關於說明書記載，考量未來空間利用的多元性以及多功能建築的申請可能性，本文主張應參照日本法若屬多種類型空間所組成的建築物或是多種用途結合的空間，其專利申請上應特別標示或是補充說明，以明

確權利範圍。其次於圖式製作規範上，本文肯定提供大量圖片的示例方式及強制附立體圖的規定，蓋不同於日本強制揭露天花板、地板或牆壁的規定，提供立體圖可幫助審查員及第三人快速了解此設計的整體態樣以及判斷是否該當內部空間，有效降低因圖式提供不明確造成客體不適格而駁回的可能。而大量圖式提供可幫助申請人快速掌握圖式提供形式以加速專利取得，查我國第一件室內設計專利申請圖式，似有參照我國提供的圖片示例進行申請[327]，足見在設計專利申請上確可達到有效提示的效果，未來亦值得應用於其他的設計專利申請示例上。

　　最後在保護期限討論上，由於室內設計性質上亦需經過長時間設計及裝潢，且考量企業經營需求，本文建議相關單位亦須思考延長我國設計專利保護期限的必要性，以確實達到加強保護室內設計智慧財產權的目的。

---

[327] 相關圖式詳見：中華民國專利第 220860 號。

# 第六章　結論

　　本文第二章簡介現今室內設計的發展及性質，在商業應用上利用商業空間營造商店氣氛並建立品牌識別，而在私人領域透過空間規劃與擺飾等將美感融入辦公場所或是居家住宅中，顯見室內設計不單具空間利用的功能，更透過設計提升民眾美學生活體驗及企業實體競爭力。第三章彙整近年來我國室內設計的智慧財產權問題，發生多起實務案件以及學說爭端，除了在著作權法及公平交易法存在認定不一致和曠日廢時的爭訟問題外，商標法亦受限於識別性的門檻而難以取得商標權，也使得設計專利開放必要性的討論浮出檯面。第四章透過簡介日本於 2019 年「意匠法」及 2020 年「意匠專利審查基準」的修正內容以及實際申請情形，觀察日本設計專利制度施行現況以及問題。最後第五章回歸我國 2020 年針對室內設計之修法內容，從「立法模式」、「形式要件」、「實體審查」以及「說明書及圖式製作」，檢視我國現行法缺失並與日本法相對照，提出我國適宜的修法方向。

　　現行室內設計領域已不如過去單純劃歸於建築一環，觀諸日本發表的「設計經營宣言」以及與虛擬實境的連結，顯見對於企業經營、一般大眾甚至元宇宙智慧財產權發展影響重大，

未來我國應如何因應日本開放內裝意匠後的專利佈局以及制訂
與國際接軌的保護法規，值得關注。本文藉由檢視現行法規以
及日本意匠法比較研究，認為我國應重視室內設計現行法保護
不足的問題，以及我國開放室內設計設計專利之必要性，惟開
放設計專利後相關法規範及審查標準是否足夠具體且完善，足
以解決我國實務界及室內設計界的爭端，值得思考。

　　綜上所述，本文認為比起匆促修法，相關單位應更加審慎
且細膩規劃，參考外國立法例並廣納我國室內設計界的意見，
以制定符合我國室內設計發展的設計專利要件及審查基準，完
善室內設計的智慧財產權保護，使室內設計師以及相關從業人
員有更明確且實用的智慧財產權規範得以遵從及利用，更提升
我國企業競爭力及室內設計整體發展性。

# 參考文獻

## 一、中文

### （一）專書（依筆畫排序）

1. SIMON DODSWORTH、STEPHEN ANDERSON，室內設計基礎學：從提案、設計到實作，入行必修的 8 堂核心課標（黃慶輝、林宓譯），初版，麥浩斯出版公司，2019 年 2 月。

2. 公平交易委員會，認識公平交易法（增訂第十九版），第 19 版，行政院公平交易委員會，2021 年 7 月。

3. 王建柱，室內設計學，第一版，藝風堂，1984 年 9 月。

4. 行政院研究發展考核委員會，著作權案例彙編：建築著作篇（9）（POD），初版，行政院研究發展考核委員會，2006 年 8 月。

5. 吳嘉生，智慧財產法綜論，初版，五南圖書出版股份有限公司，2021 年 9 月。

6. 沈中元，藝術與法律，第 2 版，五南圖書出版股份有限公司，2016 年 9 月。

7. 谷本真輝、金躍軍，優衣策略 UNIQLO 思維：柳井正的不敗服裝帝國，超強悍的品牌經營策略，初版，清文華泉事業

有限公司，2021 年 1 月。

8. 林洲富，**著作權法：案例式**，第 5 版，五南圖書出版股份有限公司，2020 年 6 月。

9. 范惟翔，**市場調查與專題研究實務**，初版，京峯數位服務有限公司，2011 年 9 月。

10. 財團法人台灣網路資訊中心，**台灣網域名稱爭議案例精選（POD）**，初版，財團法人台灣網路資訊中心，2009 年 11 月。

11. 張澤平、張桂芳，**商標法**，第 4 版，書泉出版社，2004 年 3 月。

12. 章忠信，**著作權法逐條釋義**，第 5 版，五南圖書出版股份有限公司，2019 年 9 月。

13. 郭一勤，**展覽製造：空間的展示設計**，初版，翰蘆圖書出版有限公司，2020 年 11 月。

14. 郭敏俊，**商店設計：原理‧實務‧資料**，初版，新形象出版事業有限公司，1989 年 1 月。

15. 陳志賢，**室內設計入門**，初版，藝風堂，1996 年 1 月。

16. 程凱芸，**設計專利申請實務**，初版，經濟部智慧財產局，2014 年 2 月。

17. 黃柏枝，**黃柏枝室內設計師文集：第一集**，初版，Robert Wong，2008 年 6 月。

18. 葉至誠、葉立誠，**研究方法與論文寫作**，第 3 版，商

鼎出版公司，2011 年 7 月。

19. 劉國讚，**專利法之理論與實用（四版）**，第 4 版，元照出版，2017 年 8 月。

20. 蔡明誠，**專利法**，第 4 版，經濟部智慧財產局，2013年 2 月。

21. 鄭家皓，**設計餐廳創業學：首席餐飲設計顧問教你打造讓人一眼就想踏進來的店**，初版，麥浩斯出版公司，2015年 3 月。

22. 蕭雄淋，**著作權法論**，第 9 版，五南圖書出版股份有限公司，2021 年 8 月。

23. 魏鴻麟，**設計專利審查基準**，第 4 版，經濟部智慧財產局，2016 年 2 月。

24. 羅明通，**著作權法論 I**，第 8 版，三民書局，2014 年5 月。

（二）期刊（依筆畫排序）

1. 牛曰正，公平交易法第 25 條對不公平競爭之補充適用及其類型化之發展，**中原財經法學**，第 47 期，2021 年 12月，173-260 頁。

2. 王小漳，室內空間設計，**上海藝術家**，第 2010 卷第 4期，2010 年 8 月，75-76 頁。

3. 王怡蘋，從室內設計圖探討美術著作與圖形著作之區別與保護，**月旦民商法雜誌**，第 75 期，2022 年 3 月，100-111

頁。

4. 王傑，加盟關係之公平交易法課題——以臺北高等行政院四則判決為中心，**軍法專刊**，第 65 卷第 1 期，2019 年 2 月，116-143 頁。

5. 王艷玲，論家具設計與空間設計的關係，**藝術探索**，第 22 卷第 2 期，2008 年 4 月，105-107 頁。

6. 朱桓毅，淺談我國設計專利關於建築物、室內設計類別的圖式製作，**台一專利商標雜誌**，第 275 期，2021 年 7 月。

7. 吳秀明，從行政法院判決看適用公平交易法第 25 條之共通原則與問題，**公平交易季刊**，第 29 卷第 3 期，2021 年 7 月，65-118 頁。

8. 吳秀明、沈麗玉，競爭法制革新之整體規劃與藍圖，**月旦法學雜誌**，第 228 期，2014 年 5 月，141-174 頁。

9. 吳凱智，日本意匠法令和元年修正之簡介及其與我國設計相關規定之比較，**萬國法律**，第 235 期，2021 年 2 月，32-39 頁。

10. 呂靜怡，公平交易法第 22 條及第 25 條有關仿襲產品外觀之實務案例解析，**萬國法律**，第 225 期，2019 年 6 月，49-68 頁。

11. 李素華，完善智慧財產權保護之重要制度：公平交易法之不公平競爭，**當代法律**，第 3 期，2022 年 3 月，84-90 頁。

12. 李素華，商品表徵保護與不公平競爭，**月旦法學教**

室，第 225 期，2021 年 7 月，28-30 頁。

13. 李素華，設計專利權保護與權利行使——從維修免責條款之立法提案與新近訴訟案談起，**專利師**，第 44 期，2021年 1 月，96-121 頁。

14. 周晨蕙，日本內閣閣議通過專利法和意匠法修正案，**科技法律透析**，第 31 卷第 7 期，2019 年 7 月，5-7 頁。

15. 林季陽，論著名商標之混淆誤認之虞規範——從公平交易法與商標法規範交錯出發，**公平交易季刊**，第 28 卷第 2期，2020 年 4 月，47-89 頁。

16. 林建宏、吳孟采、黃俊淵、蔡宜靜、黃俊欽，商店氣氛、消費者情緒、體驗價值對顧客滿意度之影響：以提卡異國料理餐廳為例，**興國學報**，第 16 期，2015 年 1 月，107-126頁。

17. 林洲富，顏色、立體及聲音商標於法律上保護兼論我國商標法相關修正規定，**月旦法學雜誌**，第 120 期，2005 年 5月，101-126 頁。

18. 林美宏，商業空間室內設計之保護——以旅館、飯店業者為例，**台一專利商標雜誌**，第 233 期，2020 年 9 月，1-3頁。

19. 林素華、林志青、蘇建太、王蕙瑜、楊文嘉，各國專利申請制度介紹（下），**專利師**，第 3 期，2010 年 10 月，115-126 頁。

20. 林軒吉，日本意匠審查基準修訂簡介（上），**台一專**

利商標雜誌，第 233 期，2020 年 9 月，4-5 頁。

　　21. 姚信安，論室內設計之著作定性與侵權認定——簡評智慧財產法院 104 年度民著訴字第 32 號民事判決，**月旦法學雜誌**，第 296 期，2020 年 1 月，158-172 頁。

　　22. 姚信安，雙魚羅生門：論美術著作之抄襲——從智慧財產法院一〇〇年度刑智上訴字第三九號刑事判決談起，**月旦法學雜誌**，第 217 期，2013 年 6 月，160-178 頁。

　　23. 胡心蘭，室內設計受著作權保護範圍之案例討論——智慧財產法院 107 年度民著上字第 16 號，**台灣法學雜誌**，第 411 期，2021 年 3 月，153-160 頁。

　　24. 唐涌彬，淺談室內設計與建築設計的關係，**電腦迷**，第 2013 卷第 14A 期，2013 年 5 月，72 頁。

　　25. 徐銘夆，日本空間設計申請暨審查介紹——內裝意匠篇，**專利師季刊**，第 42 期，2020 年 7 月，68-99 頁。

　　26. 徐銘夆，日本室內設計申請及近似判斷實務介紹，**專利師季刊**，第 50 期，2022 年 7 月，4-42 頁。

　　27. 涂軼，以「台北 101 大樓」為例——淺談立體商標，**台一顧問通訊**，第 193 期，2017 年 8 月，1-6 頁。

　　28. 高秀美，擴大保護非傳統商標之介紹，**智慧財產權月刊**，第 127 期，2009 年 7 月，19-61 頁。

　　29. 章忠信，回溯授權能否取得將室內設計當作建築著作保護之訴訟適格之爭議——智財法院 107 年度民著上字第 16 號、104 年度民著訴字第 32 號判決，**台灣法學雜誌**，第 385

期，2020 年 2 月，147-156 頁。

30. 莊修田，室內設計專業範圍與內容之研究，**國家科學委員會研究彙刊：人文及社會科學**，第 13 卷第 3 期，2001 年 7 月，271-281 頁。

31. 許為柔，非傳統商標之立體商標，**廣流智權評析**，第 43 期，2018 年 2 月，1-9 頁。

32. 陳怡珍，論公平交易法第二十條對商品或服務表徵之保護，**公平交易季刊**，第 12 卷第 4 期，2004 年 10 月，79-130 頁。

33. 陳亮之，從實務案例看主管機關及法院對於商店設計抄襲爭議之判斷重點，**台一顧問通訊**，第 190 期，2017 年 2 月，1-5 頁。

34. 陳冠勳，非傳統商標涉及功能性或專利技術之審查實務與案例探討，**專利師**，第 21 期，2015 年 4 月，41-76 頁。

35. 陳惠靜，公告立體、顏色及聲音商標審查基準，**理律法律雜誌雙月刊**，93 年 7 月號，2004 年 7 月，13-14 頁。

36. 陳皓芸，臺日設計專利保護的最新發展與動向——以保護標的之擴大為中心，**專利師**，第 47 期，2021 年 10 月，64-90 頁。

37. 陳雅男、范嘉苑、彭佳，以商鋪設計之於品牌辨識度的引導——商業空間設計專輯，**現代裝飾**，第 6 期，2018 年 6 月，29 頁。

38. 黃舒芃，比較法作為法學方法：以憲法領域之法比較

為例，**月旦法學雜誌**，第 120 期，2005 年 4 月，183-198 頁。

39. 黃銘傑，功能性立體商標與專利權保護間之競合與調和，**月旦法學雜誌**，第 120 期，2005 年 4 月，150-165 頁。

40. 黃銘傑，地理標示保護之商標法與公平交易法的交錯，**月旦法學雜誌**，第 245 期，2015 年 10 月，93-118 頁。

41. 趙志祥，公平交易法之「商品表徵」研究，**公平交易季刊**，第 28 卷第 1 期，2020 年 1 月，79-144 頁。

42. 蔡宗霖，專利權之行使於公平交易法第 25 條之規範——評智慧財產法院 108 年度民公上字第 4 號判決，**專利師**，第 43 期，2020 年 10 月，33-57 頁。

43. 蔡惠如，產品外觀設計之法律保護，**月旦法學雜誌**，第 227 期，2014 年 3 月，232-256 頁。

44. 蔡瑞森、陶思妤，智慧財產法院揭示公平交易法上商品外觀之「著名表徵」判斷參酌之因素，**理律法律雜誌雙月刊**，108 年 7 月號，2019 年 7 月，5-6 頁。

45. 蕭至惠、許志賢、許世芸、許書銘，探討商店環境刺激對消費者情緒與購物價值之影響，**運動休閒餐旅研究**，第 2 卷第 2 期，2007 年 6 月，48-66 頁。

46. 賴文智，室內設計如何尋求著作權保護——司法實務所面臨的困擾，**智慧財產權月刊**，第 274 期，2021 年 10 月，29-42 頁。

47. 蘇南、方星淵，建築設計之著作權研究，**科技法學評論**，第 10 卷第 2 期，2013 年 12 月，111-151 頁。

48. 蘇文萱，服務場所裝潢設計之保護，**成大法學**，第 21
期，2011 年 6 月，143-174 頁。

（三）學位論文（依筆畫排序）

1. 方信源，**從品牌看室內設計的商業行為**，私立中原大
學室內設計研究所碩士論文，2018 年。

2. 呂冰鈺，**眼鏡品牌連鎖店 SI 設計探究**，河南師範大學
藝術學碩士論文，2018 年。

3. 李悅慈，**論商店設計之智慧財產權保護**，國立臺灣大
學科際整合法律學研究所碩士論文，2016 年。

4. 林宜君，**以適度美學探討不同生活型態消費者的商業
空間設計偏好**，私立中原大學室內設計研究所碩士論文，2017
年。

5. 侯啟麟，**從我國實務判決探討立體商標與表徵之保
護**，私立中原大學財經法律研究所碩士論文，2010 年。

6. 翁瑄蔚，**商業空間與品牌形象應用之操作設計——
「以茶日子為例」**，私立中原大學室內設計研究所碩士論文，
2017 年。

7. 高倩，**老字號食品店的 SI 設計研究**，華北理工大學設
計學碩士論文，2018 年。

8. 黃郁雲，**3C品牌旗艦店體驗行銷之研究——以 Apple、
SONY 為例**，國立政治大學廣告學系碩士論文，2010 年。

（四）官方文獻（依筆畫排序）

1. 吳秀明，公平交易法國內重要案例之評析——以欺罔或顯失公平行為為例，**公平交易委員會委託研究計畫報告**，2020 年 11 月。

2. 經濟部智慧財產局，103 年 10 月 30 日商標核駁審定書核駁第 T0358704 號。

3. 經濟部智慧財產局，2020 年「設計專利實體審查基準」修正重點。

4. 經濟部智慧財產局，元宇宙與設計專利之關係，2022 年 6 月。

5. 經濟部智慧財產局，立體、顏色及聲音商標審查基準。

6. 經濟部智慧財產局，商標識別性審查基準，2022 年 7 月 26 日。

7. 經濟部智慧財產局，專利審查基準：第三篇設計專利實體審查基準（2020 年版）。

8. 經濟部智慧財產局，設計專利之說明書及圖式製作須知（111 年 2 月版）。

9. 經濟部智慧財產局 103 年 5 月 23 日電子郵件字第 1030523b 號函釋。

10. 經濟部智慧財產局 104 年 09 月 09 日智著字第 10400061820 號函釋。

11. 經濟部智慧財產局 107 年 10 月 01 日智著字第

10716009930 號函釋。

（五）網路文獻（依筆畫排序）

1. 台灣設計研究院，八成企業肯定設計重要性：設計已從外觀造型美化，進擊為影響企業策略決策的關鍵要素，載於：https://www.cw.com.tw/article/5102937（最後瀏覽日：2022 年 12 月 03 日）

2. 郭思妤，佐藤可士和操刀新 logo！「くら寿司 藏壽司」全新淺草旗艦店，以現代手法重現江戶風情，Shopping Design，2020 年 6 月，載於：https://www.shoppingdesign.com.tw/post/view/5534（最後瀏覽日：2022 年 4 月 13 日）

3. 章忠信，室內設計之著作分類爭議，載於：http://www.copyrightnote.org/ArticleContent.aspx?ID=6&aid=2973

4. Yahoo 新聞網，設計根本一樣？SCP 恐怖遊戲《The Store is Closed》遭 IKEA 發律師函，載於：https://tw.news.yahoo.com/the-store-is-closed-064357116.html（最後瀏覽日：2022 年 12 月 03 日）

5. Yahoo 新聞網，【潮流】美國捲起日系風 UNIQLO SOHO 紐約店開幕，載於：https://tw.news.yahoo.com/%E6%BD%AE%E6%B5%81%E7%BE%8E%E5%9C%8B%E6%8D%B2%E8%B5%B7%E6%97%A5%E

7%B3%BB%E9%A2%A8-uniqlo-soho%E7%B4%90%E7%B4%84
%E5%BA%97%E9%96%8B%E5%B9%95-101330909.html
（最後瀏覽日：2023 年 03 月 23 日）

## 二、日文

### （一）專書（依筆畫排序）

1. 日本国際知的財産保護協会，**新たなタイプの意匠及び部分意匠の審査に関する調査研究報告書**，初版，日本国際知的財産保護協会，2020 年 2 月。

2. 池谷和浩、日経ホームビルダー，**建築意匠権対策マニュアル**，初版，日経 BP，2021 年 12 月。

### （二）期刊（依筆畫排序）

1. 久保田大輔，令和元年改正意匠法－イノベーション創出やブランド構築の促進を目指して，*Japio YEAR BOOK 2020*，2021 年 1 月，102-109 頁。

2. 兼子直久、垣木晴彦、内藤拓郎、石井隆明，実務ですぐに使える-建築物・内装の意匠の 3 つのポイント，**パテント**，第 73 期第 11 巻，2020 年 10 月，27-36 頁。

3. 佐々木眞人，創作非容易性の判断に関する考察，パテント，第 74 巻，2021 年 3 月，81-89 頁。

4. 佐藤泰、佐野友紀，オフィス内カフェコーナーの利用実態からみたマグネットスペースにおける遭遇・会話発生

量の考察，**日本建築学会計画系論文集**，第 81 卷第 720 號，2016 年 2 月，281-291 頁。

5. 神谷由紀，令和元年改正意匠法施行後の状況について，**特許研究**，第 71 期，2021 年 3 月，77-85 頁。

6. 西村雅子，意匠法による空間デザインの保護に関する一考察，**日本知財学会誌**，第 17 期第 2 卷，2020 年 11 月，6-19 頁。

7. 青木大也，一意匠一出願の原則と組物の意匠に係る一考察，**特許研究**，第 72 期，2021 年 9 月，38-48 頁。

8. 青木大也，空間デザインの保護：建築物の意匠と内装の意匠に関する若干の検討，**日本工業所有権法学会年報**，第 43 期，2020 年 5 月，83-98 頁。

9. 草地邦晴，店舗の外観、内装の知的財産としての保護-意匠法の改正と商標審査基準の改訂，*Oike Library*，第 52 期，2020 年 10 月，30-32 頁。

10. 大峰勝士，最近の意匠審査基準改訂，**特技懇**，第 299 期，2020 年 11 月，11-18 頁。

11. 渡邊知子，令和元年改正意匠法について──イノベーションの推進とブランド構築のためのデザイン活用の促進を目指して──，**特許研究**，第 69 期，2020 年 3 月，7-23 頁。

12. 藤本，意匠法令和元年改正の文脈，**パテント** 2021，第 74 期第 8 卷，2021 年 8 月，97-108 頁。

13. 畠豊彦，意匠の類似は美感の共通性か，パテント，第 56 期第 7 卷，2003 年 7 月，23-26 頁。

（三）官方文獻（依筆畫排序）

1. 日本特許廳，「內裝の意匠」に係る意匠審查基準の改訂について（案），2019 年 10 月。
https://www.jpo.go.jp/resources/shingikai/sangyo-kouzou/shousai/isho_wg/document/17-shiryou/106.pdf

2. 日本特許廳，改正意匠法に基づく新たな保護対象等についての意匠登録出願動向，令和 5 年（2023 年）03 月 09 日，https://www.jpo.go.jp/system/design/gaiyo/seidogaiyo/document/isyou_kaisei_2019/shutsugan-

3. 日本特許廳，第 8 章意匠権の存続期間の変更。
https://www.jpo.go.jp/system/laws/rule/kaisetu/2019/document/2019-03kaisetsu/2019-03kaisetsu-02-08.pdf

4. 日本特許廳，意匠審查基準第Ⅲ部第 1 章，工業上利用することができる意匠。
https://www.jpo.go.jp/system/laws/rule/guideline/design/shinsa_kijun/document/index/isho-shinsakijun-03-01.pdf

5. 日本特許廳，意匠審查基準第Ⅲ部第 2 章第 1 節，新規性。
https://www.jpo.go.jp/system/laws/rule/guideline/design/shinsa_kijun/document/index/isho-shinsakijun-03-02-01.pdf

6. 日本特許廳，意匠審查基準第IV部第 4 章，內裝の意匠。

https://www.jpo.go.jp/system/laws/rule/guideline/design/shinsa_kijun/document/index/isho-shinsakijun-04-04.pdf

8. 産業構造審議会、知的財産分科会、意匠制度小委員会，産業競争力の強化に資する意匠制度の見直しについて，2019 年 2 月。

https://www.jpo.go.jp/resources/shingikai/sangyo-kouzou/shousai/isho_shoi/document/isyou_seido_190215_minaoshi/01.pdf

# 三、英文

## （一）期刊

1. Kotler,P. , Atmospherics as a Marketing Tool , *Journal of Retailing*, Vol. 49, No. 4, 1973, P. 48-64.

2. Baker,J.,The Role of the Environment in Marketing Sciences:The Consumer Perspective, In: J. A. Cepeil, et al., Eds., *The Services Challenge: Integrating for Competitive Advantage*, AMA, Chicago, 1986, P. 79-84.

# 四、韓文

## （一）網路文獻

1. 장영호，공간디자인 디자인권 보호책 마련되나，載

於：http://www.ancnews.kr/news/articleView.html?idxno=13093
（最後瀏覽日：2022 年 12 月 03 日）。

國家圖書館出版品預行編目(CIP) 資料

論室內設計智慧財產權研究/陳彥珈著. -- 初版.
-- 臺北市：元華文創股份有限公司, 2023.06
面；　公分

ISBN 978-957-711-315-3 (平裝)

1.CST: 智慧財產權　2.CST: 室內設計

553.4　　　　　　　　　　　112008487

# 論室內設計智慧財產權研究

陳彥珈　著

發 行 人：賴洋助
出 版 者：元華文創股份有限公司
聯絡地址：100 臺北市中正區重慶南路二段 51 號 5 樓
公司地址：新竹縣竹北市台元一街 8 號 5 樓之 7
電　　話：(02) 2351-1607　　傳　真：(02) 2351-1549
網　　址：www.eculture.com.tw
E - m a i l：service@eculture.com.tw
主　　編：李欣芳
責任編輯：立欣
行銷業務：林宜葶
出版年月：2023 年 06 月 初版
定　　價：新臺幣 380 元

ISBN：978-957-711-315-3 (平裝)

總經銷：聯合發行股份有限公司
地　　址：231 新北市新店區寶橋路 235 巷 6 弄 6 號 4F
電　話：(02)2917-8022　　　傳　真：(02)2915-6275